教養としての
「国名の正体」

藤井青銅

柏書房

まえがき〜国名も「名は体を表す」

赤ちゃんが生まれると、親はさまざまな思いを込めて名前をつける。幸せな人生を送るように、と縁起のいい漢字を。あるいは、こんな人になって欲しいという希望の言葉を。それとも、ご先祖の名前から一文字をとって。

人は、周囲からその名で呼ばれながら成長する。多くの場合、しだいに名は体を表すようになっていくから不思議だ。周囲がそういう目で見るからか、自分で自分の名前の意味を意識するからか？　その両方の作用だろう。

すると、名前からある程度その人物像を想像することもできる。

以前は多かった「一夫」「次郎」という名前だと、「長男だろう」「きっと次男だな」と推測できた（もっとも、元プロ野球選手のイチローのように、次男なのに「一朗」というケースもあるが……）。いわゆるキラキラネームを見れば、世代がわかるし、なんとなく親たちの好みもわかる。女性の名前で「〜子」、男性の名前で「〜男」でも、世代が推測できる。兄弟の名前に「〜義」「義〜」と使われていれば、「きっとお父さんの名前に、義の文字があるんだろう」と想像する（イチローは、お祖父さんの名前に「一」が入っているからだという。なるほど）。名字が「松平《まつだいら》」だと「殿様の家系かな？」と思うし、「具志堅《ぐしけん》」だと「沖縄出身だろう」とわかる。

結婚・養子縁組・離婚で名字が変わることもある。最初は違和感がある新しい名前も、しだいにいかにもその人らしく思えてくるから、不思議だ。

もちろん、「その名前っぽくない人」というケースだってある。稀に、どうしても自分の名前がしっくりこないので、周囲には別の名前で呼ばせる人もいる。ついには改名することもある。名前とは、「その人が世間にどう見られたいか」というアピールなのだ。芸名やペンネームとは、そういうことだ。

だから人名には、その人がどういう人かというヒントが隠されている。まさに、名は体を表す……とここまで長々と書いたが、これは赤ちゃんの命名の本ではない。

国の名前も同じではないか？　と思うのだ。

国名（国号）は、民族の歴史や地理、建国の精神などの思いを込めて決める。国際社会でその名で呼ばれながら、しだいにその国らしさが出来上がっていく。稀に、周囲から呼ばれる国名が気に入らず、あるいは統治の体制がガラリと変わって、改名することもある。つまり、「その国が世界にどう見られたいか」というアピールだ。

だから国名にも、その国がどういう国かというヒントが隠されている。いや、別に隠してはいない。堂々とアピールしている……のだが、ひょっとしたら私たちはそれを見過ごしているのではないか？

＊

たとえば……アメリカ。私たちは子供の頃からそう呼ぶ。中学生くらいで知識がついてくると、わざわざ「合衆国」と呼んだりする。だけど、

「合衆ってなんだ?」

USAと呼ぶこともある。「Aはアメリカだとわかるけど、UとSってなんだ?」。Sはステート（state）で「州」のことだと知ると、

「なんで合州国じゃないんだ?」

とも思う。「アメリカ」はアメリゴ・ベスプッチの名前が由来だと知ると、

「なんでコロンブスじゃないんだ?」

とも思う。

＊

イギリスもまた、少し知識がついてくると、正式名は「グレートブリテン及び北アイルランド連合王国」だと知る。「ああ、たしかに王室のニュースをよく見るもんな。王様の国なのか、童話みたいだな」と思う。しかし、

「連合王国ってなんだ?」

とも思う。さらに、この長ったらしい名前に、

「他にアイルランドって国もあるよな。イギリスに含まれるのは北アイルランドだけか。それでもって、連合王国なんだろ? 傍目《はため》にも、まとめるのが大変そうだなあ」

と心配になる。

＊

かつて中国で北京オリンピックがあった時。テレビで開会式の中継を見ていた。各国選手団の入場時、先頭に国名のプラカードを持った人がいる。さすが中国で、それが漢字表記（簡体文字）だった。日本はもちろん「日本」。それはわかる。「越南」（ベトナム）とか「葡萄牙」（ポルトガル）という表記は、「ああ、たしかそういう漢字で表すよな」とわかる。ボーッと見ていると「黒山」と書かれた国があった。

「黒山？　黒い山ってどこだ？」

と考え、

「あっ、モンテネグロ？」

と気がついた。モンテ（マウント）＝山、ネグロ（最近では使わないがネグロイド・ニグロイドの、ニグロ）＝黒だ。

「そうか、そうか。モンテネグロってのは、黒い山がある国なのか」

とわかった（場所はよくわからなかったが……）。

当たり前のことだが、国名には意味があるのだ。日本人は多くの国名をカタカナで認識しているので、その意味に気付かない。

＊

その中国の正式名は、中華人民共和国だ。

「人民共和国ってなんだろう？」

そういえば、フランスもイタリアも普通は単にそう呼ぶが、正式名は「フランス共和国」「イタリア共和国」だ。近くにあって同じようなものだと思っていたスイスの場合は「スイス連邦」だ。違うのか！

「王国とか共和国とか連邦とか、公国とか、首長国とか……。ふだん私たちは、カタカナの下にあるそれらをあまり意識しない。しかし人名でいえば、姓と名の両方をちゃんと知っていないことになるのではないか？」

と今さらながら気がつく。

＊

現在、外務省のホームページには百九十五の「国」と、七つの「その他の地域……北朝鮮・台湾・パレスチナ・香港・マカオ・北極・南極」が掲載されている。これに日本を加えた百九十六が、世界の国ということになる（国連の場合は、加盟国が百九十三で、オブザーバー国家が二つ）。

よく聞く国名、聞いたことはあるが場所がわからない国名、これが正式名称だったのかと驚く国名、オリンピックの開会式でしか見ない国名、初めて見る国名……。

そのどこも、大切な国名には命名の由来がある。国名もまた「名は体を表す」のだ。意味を知れば、どういう国かがわかるはずだ。

とはいえ、地域名と国名と民族名は長い年月が経つと、どっちが先なのかよくわからない。後付けで由来ができる場合もある。真偽定かならぬ伝説もある。多くのケースで「国名の由来は諸説ある」のだ。が、そのこと自体が「長い歴史と支配者の変遷」という実態を表している。複数の説を参照して、本書では比較的支持されているもの、国の成り立ちが表れているものを採り上げた。

さて、日本は？

読み方は「にほん」なのか「にっぽん」なのか？　英語では「ジャパン」。どれも似ているが、違う。一国の国名が、こんなあいまいなことでいいんだろうか？　そういえば、王国とか共和国とか、そういうのはついていない。つけなくてもいいんだろうか？　日本だから日本人なのか、日本人がいるから日本なのか？……意外に、いろいろとわからないことがあるのだ。自分の国なのに！

世界の国名を見ていけば、「日本」のこともわかるのではないだろうか。それもこの本の、もう一つの狙いだ。

目次

第三章　地理命名（方角中心辺縁国名）

第四章　動植物命名

第五章　人名国家

第六章　似ている国名

第七章　王国と公国と

第八章　共和国

第九章　連と合

第十章　旧ソ連と東欧

◎世界全図

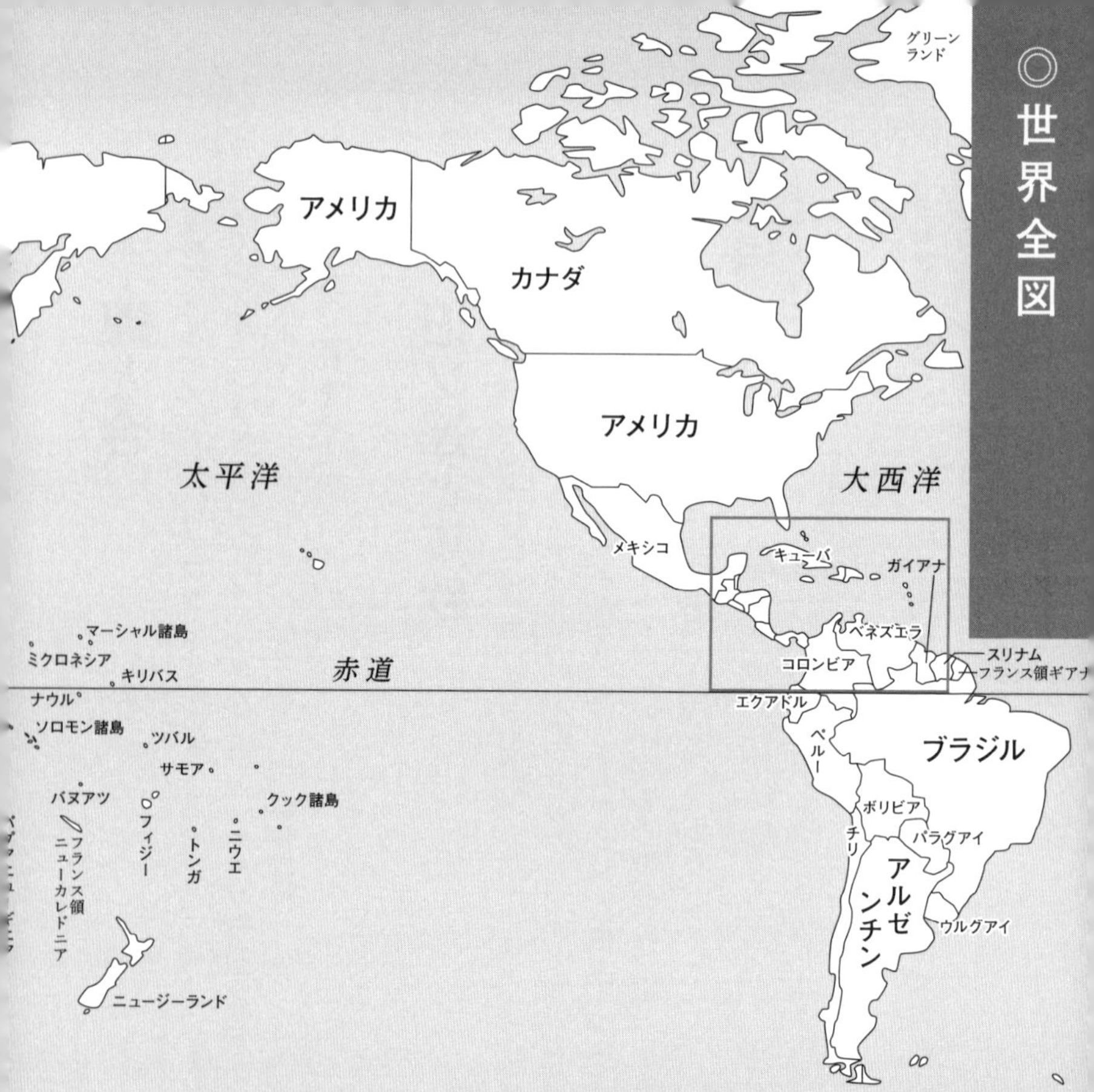

グリーンランド
アメリカ
カナダ
アメリカ
太平洋
大西洋
メキシコ
キューバ
ガイアナ
ベネズエラ
コロンビア
スリナム
フランス領ギアナ
マーシャル諸島
ミクロネシア
キリバス
赤道
ナウル
ソロモン諸島
ツバル
サモア
バヌアツ
クック諸島
フィジー
トンガ
ニウエ
フランス領ニューカレドニア
ニュージーランド
エクアドル
ペルー
ブラジル
ボリビア
チリ
パラグアイ
アルゼンチン
ウルグアイ

ロシア
カザフスタン
ジョージア
ウズベキスタン
トルコ
アゼルバイジャン
アルメニア
トルクメニスタン
タジキスタン
シリア
レバノン
イラク
イラン
アフガニスタン
ヨルダン
パレスチナ
イスラエル
クウェート
バーレーン
カタール
パキスタン
サウジアラビア
アラブ首長国連邦
オマーン

バハマ
セントクリストファー・ネービス
キューバ
ハイチ
ドミニカ共和国
セントルシア
バルバドス
トリニダード・トバゴ
ジャマイカ
ベリーズ
アンティグア・バーブーダ
ホンジュラス
ドミニカ国
グアテマラ
エルサルバドル
セントビンセント及びグレナディーン諸島
ニカラグア
グレナダ
コスタリカ
パナマ
ベネズエラ
コロンビア
ガイアナ
スリナム

グリーンランド
アイスランド
ノルウェー
スウェーデン
フィンランド
ロシア
イギリス
アイルランド
ドイツ
ベラルーシ
モルドバ
ウクライナ
フランス
スペイン
ポルトガル
イタリア
カザフスタン
モンゴル
ウズベキスタン
トルクメニスタン
キルギス
タジキスタン
トルコ
シリア
イラク
イラン
アフガニスタン
パキスタン
キプロス
チュニジア
モロッコ
アルジェリア
リビア
エジプト
サウジアラビア
西サハラ
ネパール
ブータン
中国
北朝鮮
韓国
日本
マカオ
香港
台湾
インド
バングラデシュ
ミャンマー
ラオス
ベトナム
タイ
カンボジア
フィリピン
ブルネイ
パラオ
マレーシア
シンガポール
インドネシア
東ティモール
オーストラリア
オマーン
イエメン
エリトリア
ジブチ
ソマリア
エチオピア
スーダン
南スーダン
モーリタニア
マリ
ニジェール
チャド
ナイジェリア
中央アフリカ
コンゴ民主共和国
ケニア
ウガンダ
ルワンダ
ブルンジ
タンザニア
コモロ
アンゴラ
ザンビア
モザンビーク
ジンバブエ
ボツワナ
ナミビア
南アフリカ
レソト
エスワティニ
マラウイ
マダガスカル
セーシェル
モルディブ
スリランカ
モーリシャス
大西洋
インド洋
モーリタニア
マリ
ニジェール
チャド
セネガル
ガンビア
カーボベルデ
ギニアビサウ
ギニア
シエラレオネ
リベリア
コートジボワール
ブルキナファソ
ガーナ
トーゴ
ベナン
ナイジェリア
カメルーン
赤道ギニア
サントメ・プリンシペ
ガボン
コンゴ共和国
赤道
エストニア
ラトビア
リトアニア
デンマーク
イギリス
オランダ
ベルギー
ドイツ
ポーランド
ベラルーシ
ウクライナ
チェコ
スロバキア
リヒテンシュタイン
ルクセンブルク
オーストリア
ハンガリー
ルーマニア
モルドバ
スイス
スロベニア
クロアチア
セルビア
コソボ
フランス
ブルガリア
スペイン
アンドラ
モナコ
サンマリノ
バチカン
イタリア
モンテネグロ
アルバニア
ギリシャ
北マケドニア
ボスニア・ヘルツェゴビナ
マルタ
チュニジア
アルジェリア

この本はアジア、ヨーロッパ、アメリカ……などの地域別ではなく、命名のジャンル別に紹介していく。そのため、同じ国が別のジャンルに複数回登場するケースもある。国名の詳しい説明は、基本的には初出時、もしくはその国の特徴が出ている章での登場時にまとめた。他の章にも分類されている場合は【○P】として関連付けた。また、国名表記は原則として外務省によった。（地域別一覧は巻末にまとめた）

なお、記載の情報は二〇一九年十月現在のものである。

第一章 地理命名（山河大地国名）

ある地域に住んでいる集団がしだいに大きくなり、そのうち集団内にルールとか役割分担ができ、ムラとなる。ムラは周囲の他のムラと合体したり、戦って併合したりされたりして、しだいに大きな集団になる。やがてクニになる。こうしたクニがいくつか集まって大きな国家になっていくのが、一般的だ。

どこからか侵略者集団がやってきて、それとも天才的な革命児のような存在が現れて、「ここからここまでを我が国にする!」と宣言するケースもある。

とはいえ、人間には越えられない自然の境界線というものがある。高い山、大きな河、そして海。国は普通、こういったもので区切られる（人為的に、緯線や経線で区切られるケースもあるが）。だから、「私たちは同じ地域の人間だ」と名乗る場合、その土地の特徴や、象徴的な地形を国名にするのは自然なことだ。他の国が「あの地域の人たち」と呼ぶことで、国名になる場合もある。自称にせよ他称にせよ、地理命名の国名はとても多い。ピックアップしていたら、収拾がつかなくなってきた……。

そこで、いくつかのケースに分けてみた。

まずは「山河大地国名」だ。

【山】高い山は目立つ。大きな山の麓《ふもと》で、「我々はあの山に守られている」と感じて国名にする。あるいは、山は遠くからも見えるので、他の国が「あの山がある地域」と呼ぶことで国名になる場合もある。代表的なものをいくつか集めた。

モンテネグロ Montenegro

かつて「ユーゴスラビア」と呼ばれた地域だ。分裂して、二〇〇三年に「セルビア・モンテネグロ」となった。

二〇〇六年には、さらに「セルビア」と「モンテネグロ」に分かれた。

現地モンテネグロ語では「ツルナ・ゴーラ」と呼ぶ。意味は「黒い山」。それをイタリア語では「モンテ・ネグロ」と呼ぶ。モンテは英語のマウント（山）、ネグロは黒（かつて使われた蔑称《べっしょう》ニグロと同じ）。どこまでいっても、黒い山だ。ロブチェン山（一七四九メートル）のことらしい。現在は国立公園になっている。

ということは、この国名はアドリア海の反対側にあるイタリアから見たものだ。

元々、日本人は東欧各国の位置関係に弱い。旧ソ連圏の社会主義陣営だったせいもある。その中でとくに、旧ユーゴスラビアの国々はいくつにも分裂したので、馴染《なじ》みが薄い名前ばかりになった。紛争が続くので報道ではよく見かける名前もあるが、はたしてそれは地域名なのか、国名なのか？　どこがどの場所にあるのか？　いま一つわかりにくい。が、この国名から、イタリア側の海に面している国、ということはわかる。

＊

「モンテネグロ」の正体……黒い山（ロブチェン山）【252P】

ケニア共和国 Republic of Kenya

この国のシンボルは、標高五一九九メートルのケニア山。アフリカ大陸第二の高峰だ。十九世紀、この地に進出してきたイギリス人が名付けた。

じゃあ、ケニアの意味はなんだろう？　諸説あるが、山頂に雪が積もる様子がダチョウの頭みたいに見えることから、現地の言葉で「キーニヤ（ダチョウの山）」だという。「ケレ・ニアガ（白い山）」だともいう。赤道直下にあって、これは目立つ。

一九六三年、イギリスの植民地から独立する時、その山の名前から国名を名付けた。黒い山の国があれば、白い山の国もある。

＊

「ケニア」の正体……ケニア山（白い山）

レバノン共和国 Lebanese Republic

ケニア山もそうだが、頂《いただき》に雪を冠する高山は、温帯・熱帯地域ではどこでも、昔から目立つ。なんとなく神々《こうごう》しい感じがするので、尊敬の対象にもなる。日本では富士山がそうだから、納得がいく。中東で地中海に面したここも、標高三〇〇〇メートル級で山頂には雪が積もる山脈が南北に走っている。なので、アラム語で「白い」を意味する「ラバン」が国名の元になった。

ちなみに、アラム語というのはイエス・キリストが喋《しゃべ》っていたとされる言葉。レバノン杉はノアの方舟《はこぶね》を作った材料といわれる。国旗には杉の木の絵がある。さすが中東、歴史は古いのだ。

だが、フランスから独立したのは一九四三年と、比較的新しい。それは中東、ヨーロッパ各国に身勝手に線引きされてきたからだ。

*

「レバノン」の正体……白い山脈

シエラレオネ共和国　Republic of Sierra Leone

アフリカの西の端にある国。

スペイン語で、シエラは山脈。アメリカ西海岸のシエラネバダ山脈は有名だが、あのシエラだ。レオネはライオンのこと。西洋各国の人名でレオーネ、レオナルド、レナード、レオン……などがあるが、みんな元は同じ。ライオンのこと。まあ、勇敢な動物だからつけたくなるのだろう。ジャングル大帝レオも、そうだ。

海から見た山の形がライオンに似ていたから、山のほうからライオンが鳴くような雷鳴が聞こえてきたから、山から海に吹く風がライオンの咆哮のように聞こえたから……などの説があるが、どの説もライオンは共通する。いずれにせよ海から見た名前なので、船でやってきたヨーロッパ人が命名したことも、わかる。

＊

「シエラレオネ」の正体……ライオン山脈　【96P】

ハイチ共和国　Republic of Haiti

カリブ海の島国だ。いまやホラー分野で世界的な共通キャラクターとなったゾンビは、この島の民間信仰であるブードゥー教が生んだ。

コロンブスは、この島を「イスパニオラ島（スペイン島）」と名付けた。当然、スペイン領になる。しかしそれから約百五十年。島の西側からフランスがじわじわと侵攻してくるのだ。本国の栄枯盛衰（スペインの没落）は、海外領土の争奪戦にも影響する。やがて、島の西側三分の一がフランス領となった。

ところがそのフランスだって、本国でフランス革命がおこって混乱する（一七八九年）。それに乗じて、フランス領部分が黒人国家として独立したのだ。一八〇四年と、早い。アメリカ大陸では、アメリカ合衆国に次いで二番目、ラテンアメリカでは最初に誕生した独立国だ。一時はイスパニオラ島全島がハイチだったが、やがて東側三分の二はドミニカ共和国として独立する。

国土の多くが山地。なので、先住民の言葉で「山の多い土地（ハイチ）」が、そのまま国名になった。ところがこの国、漢字表記では、日本でも中国でも「海地」なのだ。音と、海の中の島国なので一見うまい当て字のように思えるが、意味は「山地」なのだから、真逆《まぎゃく》だ。

＊

「ハイチ」の正体……山の多い土地　【152P】

ネパール連邦民主共和国　Federal Democratic Republic of Nepal

サンスクリット語の「ニパ・アラヤ（山の麓《ふもと》）」という言葉から来ている。チベット語の「ニアンパル（神聖な土地）」だという説もあって、判然としない。が、そこにあるのが世界最高峰のチョモランマ（エベレスト・八八四八メートル）を擁《よう》するヒマラヤ山脈なのだから、まあ、どちらも山由来だ。

首都があるカトマンズ盆地でも、標高は一三〇〇メートルもある。「麓」なのに。

＊

「ネパール」の正体……山の麓　【225P】

アフガニスタン・イスラム共和国　Islamic Republic of Afghanistan

「～スタン」という国名は多い。ペルシャ語で「～地域」「～の国」という意味だ。では「アフガン」は？　これは民族の名前で、意味は「山の民」。たしかに、地図を見ると海のない国だ。ところで、この「山」はどこだろう？　十世紀末に書かれた作者不詳のペルシャ語の地理の本に「アフガン人がスレイマン山脈中に住んでいる」とあるようだ。現在スライマーン山脈と呼ばれるのは、アフガニスタン南東部とパキスタン北部の国境あたり。元はそのへんの民なんだろうか？

＊

「アフガニスタン」の正体……山の民

マレーシア　Malaysia

東南アジアに細長く伸びるマレー半島の南部と、ボルネオ島北部からなっている。マレー半島からマレーシアという国名がついたのは、わかる。スマトラ島との間にはマラッカ海峡がある。かつてはマラッカ王国だった。イギリス領マラヤだった時期もある。

では、一貫して使われるこの「マレー」「マラヤ」は何だ？

元はサンスクリット語だという。ということは、インドだ。インドからやってきた人々が、山がちの半島を見て「マラヤ（山地）」と呼んだことから来た。

＊

「マレーシア」の正体……山の半島

ガボン共和国　Gabonese Republic

アフリカの西岸。ギニア湾に面した国だ。

この国にやってきたのはポルトガル人。オゴウェ川の河口にある小高い丘を見て、「ガバオンに似ている」と言ったことが由来という説が強い。ガバオンとは、当時水夫が着ていた外套《がいとう》で、そのフードを広げたような形だったという。今となってはどういう形状だか、まったくわからない。

＊

「ガボン」の正体……外套（ガバオン）に似た小高い丘

【川】人類の文明は大河の流域から始まった。「チグリス・ユーフラテス川」「ナイル川」「インダス川」「黄河《こうが》」の四つは誰でも知っているだろう。これほど有名でなくても、大小の河川のそばに人々は集まり、生活し、一定の地域がまとまってムラができ、やがて国になる。その地域の人々にとって「母なる河」が国名になるのは、自然だ。これもたくさんあるが、代表的なものをいくつか集めた。

インド India

インドは大きいので、亜大陸と呼ばれる。有名な大河が二つある。インド国内を西から東に流れ、バングラデシュで海に注ぐガンジス川と、インドの西、ほぼ現在のパキスタン国内を流れるインダス川。インダス川流域に栄《さか》えたのがインダス文明だということは、学校で習った。

このインダスとインドが音として近いことは、素人《しろうと》にもわかりやすい。サンスクリット語で「水、大河」を意味する「シンド」が元のようだ。シンド→インダス川／インド／ヒンディー語／ヒンズー教……みんな同じ語源だ。シンドの音を漢字で書くと、「身毒」とか、「天竺」となる。あの三蔵法師《さんぞうほうし》が、「天竺ではなく印度と書いたほうが正しいぞ、悟空《ごくう》よ」と推奨《すいしょう》したようだ（注・

「悟空よ」は勝手につけました）。そうか、三蔵法師がいなければ、「印度カレー」は「天竺カレー」だったのかもしれないなあ。

もっとも、自国では「バーラト」と名乗っている。有名な大叙事詩「マハーバーラタ（偉大なるバーラタ族）」のバーラタと同じだ。

＊

「インド」の正体……インダス川【133P】

モルドバ共和国 Republic of Moldova

かつて旧ソ連の構成国だった。東端にあって、黒海《こっかい》のそば。当時はモルダビア共和国と呼ばれていた。ところが、同じソ連内にモルドヴィア共和国というのがあったのだ。これは場所も全然違って、二国は関係ない。こっちは現在も、ロシア連邦を構成するモルドヴィア共和国のままだ。一方、かつてのモルダビア共和国は独立して、現在モルドバ共和国。なんだかモルモルしていて、ややこしい！

この国（この項の、モルドバ共和国です）の北と東と南はウクライナに囲まれている。西はルーマニアに接し、その間には川が流れている。国名の由来は、スラブ語で「黒い川」という意味のモルドバ川だという。じゃあ、国境の川がそうなんだな……と地図で見ると、プルート川とある。違うのか！　普通は国境の川が国名になるのに。

では、モルドバ川はどこにある？　探すと……なんと国境から一〇〇キロほども離れた、ルーマニア国内のロマンという都市でシレト川に支流として注ぎ込んでいるのがモルドバ川。ずいぶん離れたよその国の川（しかも支流！）が、国名の由来になっているなんて……。

この地方は現代でこそルーマニア、モルドバ、ウクライナと各国に分かれているが、かつては同じモルダヴィア公国だったからだ。また似たような名前が出てきて、ややこしさが増してしまった。

＊

「モルドバ」の正体……モルドバ川（黒い川）【242P】

ヨルダン・ハシェミット王国 Hashemite Kingdom of Jordan

中東だ。普通はヨルダンと書く。外務省ＨＰの詳細では、ヨルダン・ハシェミット王国と書かれている。

中東はもめる。なにしろこの国は、北はシリア、東はイラク、南はサウジアラビアと接し、西は……イスラエルとパレスチナ暫定《ざんてい》自治区と接しているのだ。その西との国境がヨルダン川と死海。この川の名前が国名になっている。ヘブライ語で、ヨルダンは「(川を）流れ下る」という意味だ。

＊

「ヨルダン」の正体……ヨルダン川（流れ下る）【123P、177P】

ザンビア共和国 Republic of Zambia

セシル・ローズという人がいた。元はイギリス人だが、南アフリカに行ってダイヤモンドを掘り当てたことで、やがて会社を作る。あの有名なデ・ビアス社だ。ダイヤモンドと、さらに金の採掘権も手にして巨万の富を得る。政界にも進出し、イギリス帝国の植民地政治家となった。ケープ植民地（現在の南アフリカ共和国）の首相にもなった（一八九〇年）。

さらにその北の地域を征服していき、「アフリカのナポレオン」と呼ばれる。強烈な帝国主義者であり、人種差別主義者であった。そんな男だから、征服した地域をイギリス領にして、自分の名前から「ローデシア（ローズの家）」と名付けるのもわかる。だがこんな強権白人支配はもめるに決まっている。やがてそこは北ローデシアと南ローデシアに分かれ、北ローデシアはザンビアとして独立した。一九六四年の十月二十四日だ。

日付まで書いたのには意味がある。たまたまこの時、日本では東京オリンピックが開かれていたのだ。期間は十月十日〜二十四日。当初「イギリス領北ローデシア」として参加したチームは、閉会式当日に「ザンビア」に名称変更した。なかなかドラマチックだ。

ザンビアという国名の元になったのは、南北ローデシアの境界を流れるザンベジ川。世界三大瀑布の一つであるビクトリアの滝がある大河だ。先住民の言葉で「大きな水路」という意味らしい。

＊

「ザンビア」の正体……ザンベジ川（大きな水路）【136P】

ガンビア共和国　Republic of The Gambia

ザンビアはザンベジ川が隣との国境になっているが、ガンビアはガンビア川の流域のみが国土という変わった国。同じアフリカで、こっちは西の端っこにある。ガンビア川の河口から奥まで約三〇〇キロメートル・川の両岸二〇～四五キロメートルだけが国土。「鰻《うなぎ》の寝床」のような国で、アフリカ大陸で一番面積が狭い。

なぜこんなことになったのか？　このあたりの領有権をフランスとイギリスが争い、フランス領セネガルの中に食い込むように、イギリス領ガンビアが成立。それがそのまま独立した（一九六五年）からだ。

十五世紀にやってきたポルトガル人は、原住民がこの川を「gambi（ガンビ）」と呼んでいることから、「Rio Gâmbia（ガンビア川）」と名付けた。ところが実は、ガンビというのは単に川を指す普通名詞だったようで、「ガンビア川」は「川川」になる。異文化に接した時、こういうことはよくある。

最初は「ガンビア共和国」だったが、二〇一五年「ガンビア・イスラム共和国」に改名。しかし二〇一七年、元の「ガンビア共和国」に戻った。

＊

「ガンビア」の正体……ガンビア川（川川）【136P】

セネガル共和国　Republic of Senegal

その鰻《うなぎ》の寝床国家・ガンビアを抱え込んでいる国がセネガルだ。

こっちはフランス領だった。北にあるモーリタニアとの国境であるセネガル川の名前が、国名になった。そのセネガルの語源は、かつてこの地にあった古代都市セネガナだとか、ベルベ族のゼナガ人だとか、サンハイヤという部族名だとか、現地の言葉で「我々の船」という意味だとか……諸説あるがよくわからない。少なくとも、ガンビアみたいに川という意味の普通名詞ではないようだ。

一九六〇年に独立。アフリカ大陸の最西端になるベルデ岬《みさき》があり、そこに位置する首都ダカールは、かつてのパリ－ダカール・ラリーの終着地として有名だ。

＊

「セネガル」の正体……セネガル川

リトアニア共和国 Republic of Lithuania

第二次世界大戦中、杉原千畝《すぎはらちうね》がユダヤ人に「命のビザ」を出したのは、この国にあった日本領事館に勤務していた時のことだ……と言われれば、「ああ！」とは思う。が、正直言って、場所がよくわからない。

バルト三国の、一番南にある国だ（といっても、緯度は樺太《からふと》の北端くらいだが）。

当然、西はバルト海に面している。東は、内陸部に向かって大きなベラルーシに隣接している。その奥には、もっと大きなウクライナがある。そしてさらにその東には、何十倍も巨大なロシアが控えている。そういう位置だ。

さて、そのベラルーシに源を持ち、リトアニア国内を流れてバルト海に注ぐネマン川という大河がある。リトアニア国民にとっては「父なる川」だという（母ではないのか？）。その上流を、古くはリエタ（流れ）と呼び、それがリトアニアという国名の由来らしい。だけど、この川の上流はベラルーシ国内にあるのに？

実は十五世紀、リトアニア大公国はとても大きく、現在のベラルーシはおろかウクライナも版図《はんと》にし、黒海《こっかい》にまで達していた時期があるのだ。当時は、ヨーロッパ最大の国だったという。そりゃ、往時に思いを馳《は》せ、上流の古称を名乗ってもおかしくはない。

＊

「リトアニア」の正体……（川の）流れ【240P】

パラグアイ共和国　Republic of Paraguay

南米の内陸国だ。インディオの言葉で「パラ」は「大きな」「豊かな」、「グア」は「川」「水」を意味する。要するに「大川」だ。日本だって、ある地域で一番大きな川はたいてい「大川」と呼ばれるし、別の名前があっても、そういう異名を持つ。

パラグアイ川は全長二六〇〇キロメートル程度。日本列島の長さは、北海道から沖縄まで、だいたい三〇〇〇キロメートルだといわれるから、これはたしかに「大川」だ。

そのパラグアイ川だって、実は支流だ。国内を流れ、やがてブラジルから流れてきたパラナ川に合流する。そのパラナ川だって支流だ。アルゼンチンでラプラタ川に合流して、大西洋に注ぐ（パラナ川・ラプラタ川を合計して、全長四五〇〇キロメートル）。南米は「大川」だらけだ。

「パラグアイ」の正体……パラグアイ川（大きな川）【153P】

＊

スリナム共和国　Republic of Suriname

南米。北は大西洋に面している。南北アメリカ大陸唯一のオランダ語圏だ。東隣には、今も「フランス領ギアナ」がある。西隣のガイアナは、以前「イギリス領ギアナ」だった。東から順に、

フランス領ギアナ（現在もそのまま）
オランダ領ギアナ（現スリナム）　←この国
イギリス領ギアナ（現ガイアナ）

オランダはかつて、北米にニューアムステルダムという植民地を持っていたが、イギリスと交換して、この南米のギアナを手に入れたのだ。この時のニューアムステルダムが、のちニューヨークになった。果たして正しい交換だったのかどうか？　一六六七年の時点で、先の損得勘定はわからない。

オランダ領ギアナが一九七五年に独立して、スリナムになった。先住インディオの言葉で「岩場の多い川」という意味の「スリナム川」にちなんでいる。

＊

「スリナム」の正体……スリナム川（岩場の多い川）

ガイアナ共和国　Republic of Guyana

今度はその西隣の国。

フランス領ギアナ（現在もそのまま）
オランダ領ギアナ（現スリナム）
イギリス領ギアナ（現ガイアナ）←この国

一九六六年に独立して、ガイアナとなった。ギアナ、ガイアナは読み方の違いだけ。ではその意味は？　先住民の言葉で「水源、水の国」ということらしい。三地域の南部（後背部）に共通するギアナ高地は、テーブルマウンテンで有名だ。ここに、北の海から湿った風が吹きつけるので、年間を通して雨が多くなる。エンジェルフォールなどの滝も有名。たしかに、水の国だ。

一九七〇年には「ガイアナ協同共和国」という変わった名前になった。「協同組合制度を基礎にした社会主義を推進する」からだという。よくわからない……。でも英連邦には残留していたのだから、さらによくわからない。現在は「協同」の看板を下ろし、ガイアナ共和国となっている。

＊

「ガイアナ」の正体……水の国

ペルー共和国　Republic of Peru

南米。こっちは太平洋に面している。かつてインカ帝国が栄《さか》えた場所だ。ナスカの地上絵やマチュ・ピチュ遺跡でも有名だ。ということは、古くから人々が暮らしていたわけだ。そこへ、新参者のスペインがやってきた。悪名高きコンキスタドール（征服者）・ピサロによって、あっという間に征服されてしまった。

それから三百年。スペインの植民地から独立したのは一八二一年だ。日本はまだ江戸時代で、葛飾《かつしか》北斎《ほくさい》が浮世絵を描いていた頃だから、ずいぶん古い。

スペイン人が初めてこの地に来た時、ピル（川、水）と呼ばれる河口で先住民に迎えられたことが、ペルーの由来だという。

＊

「ペルー」の正体……川。水

【湖】

湖や泉は、大地の中で特徴的な場所。国名の由来にもなりやすい。

フィンランド共和国 Republic of Finland

北欧だ。自らは「スオミ」と呼ぶ。意味は「湖沼」のことだというが、よくわからない。一般のイメージは「森と湖の国」だし、地図を見てもあちこち大小の湖だらけだし、まあそうかなと思う。

英語では湖沼のことをfenという。なので、湖沼の国を英訳して「fenland」。これが現在の「finland」になったという説がある。フィン人が作った国だから、単純に「finland」なのかもしれないが。

＊

「フィンランド」の正体……湖沼

チャド共和国　Republic of Chad

アフリカの中央。ニジェールとナイジェリアとカメルーンとチャドの国境にチャド湖という大きな湖がある。現地の言葉で「チャド」は、大きな水域、つまり湖のこと。だから「チャド湖」では「湖湖」になってしまう。前出の「ガンビア川（川川）」と同じだ。「チゲ鍋（鍋鍋）」「サルサソース（ソースソース）」「サハラ砂漠（砂漠砂漠）」みたいなものか。そのサハラ砂漠の南東部にあたる国が、チャドだ。湖の名前がそのまま国名になった。

一九六〇年、フランスの植民地から独立した。

サハラ砂漠（砂漠砂漠）のオアシスだったチャド湖（湖湖）は、かつてはとても大きな湖だった。が、近年どんどん縮小していき、すでにかつての二十分の一しかない。このままだと二十一世紀中に消滅するともいわれている。湖のないチャド（湖）、になってしまうかもしれない。

＊

「チャド」の正体……湖

マラウイ共和国　Republic of Malawi

アフリカの東南にある内陸国。内陸ではあるが、アフリカで三番目に大きく、南北に長いマラウイ湖の西側を囲むような国土だ。

当然、このマラウイ湖にちなんだ国名だ。では、マラウイの意味は？　現地の言葉で、ゆらめく炎とか、明るい靄《もや》というもので、湖にたちのぼる陽炎《かげろう》のことだといわれている。

イギリスの保護領だったが、複雑な過程を経て、一九六四年に独立した。

＊

「マラウイ」の正体……湖からたちのぼる陽炎

トーゴ共和国　Republic of Togo

アフリカ。ギニア湾の国だ。かつて、このあたりの南の沿岸はヨーロッパ列強によって奴隷海岸、黄金海岸、象牙《ぞうげ》海岸と呼ばれた。植民地として（勝手に）分割され、現在も海岸を入り口にした南北に長い短冊状の国が並んでいる。東から順に、
奴隷海岸（現ベナン）
奴隷海岸（現トーゴ）
黄金海岸（現ガーナ）
象牙海岸（現コートジボワール）
この内、トーゴは海岸沿いに湖がある。その後方の北に向かって国土が広がるので、トーゴは「湖の後方」という意味。一九六〇年、フランスから独立した。

＊

「トーゴ」の正体……湖の後方

ジャマイカ Jamaica

カリブ海の島国。レゲエが生まれた国として有名だ。映画『クール・ランニング』も有名。もちろんあの映画は面白く脚色しているが、南国ジャマイカのチームが冬季オリンピックのボブスレーに出たというのは事実だ。

先住民の言葉で「ハイマカ（泉の湧《わ》き出る地）」というのが元の地名。それがスペインの植民地時代、「ハマイカ（jamaica）」となった。スペイン語のJの発音はハ行になる。それがJaponが「ハポン」スペインの植民地になるのがそうだ。ところがのちにイギリスの植民地になると、同じこの綴《つづ》りは「ジャマイカ」と読まれることになったのだ。

＊

「ジャマイカ」の正体……泉の湧き出る地

【大地】国土というくらいだから、その土地がどんな特徴を持っているかが重要になる。山がちなのか、平原なのか？　乾いた場所か、湿潤《しつじゅん》な場所か？　ジャングルか？　緑豊かなのか、砂漠なのか？「〜な土地」という形容が地域名になり、国名になるのは自然な流れだろう。代表的なものをいくつか集めた。

ポーランド共和国　Republic of Poland

「ポーランドはヨーロッパの玄関マット」という、失礼な言い方がある。この国はかつてヨーロッパ最大の版図《はんと》を持っていた。にもかかわらず、西はロシアから、東はドイツから攻め込まれて何度も踏みつけられ、占領されたり分割されたりしているからだ。なぜか？「攻めやすい地形」だったのだ。

国名の元になった「ポーレ」という言葉は、「平原、農耕地」という意味。国土のほとんどが大平野なのだ。とくに東西には天然の要害がない。周囲の勢力からは攻め込まれやすい。ポーランド出身のピアノの詩人・ショパンが嘆《なげ》くわけだ。嘆いたあまり「革命のエチュード」を作曲してしまった。

＊

「ポーランド」の正体……平原

イラク共和国　Republic of Iraq

中東だ。チグリス川とユーフラテス川の下流域。古代メソポタミアにウルクという都市があって、それがイラクの語源だとされている。首都はバグダッド。出てくる言葉がいちいち古色を帯びている！

この地域は「イラク・アラブ」と呼ばれる。意味は「アラブ低地地方」。元になったウルクの意味は「川と川の間」。そりゃ、普通は低地だよなあ。

＊「イラク」の正体……低い土地【132P】

オランダ王国　Kingdom of the Netherlands

オランダの正式名が「ネーデルラント」だというのは、日本でもわりと有名だ。英語だと「ネーデルランド」。この言葉は「低い土地」という意味。実際、オランダの国土の四分の一は標高〇《ゼロ》メートルだ。「世界は神が作ったが、オランダはオランダ人が作った」といわれるほど、昔から海岸部にある湿地や泥炭地《でいたんち》を干拓《かんたく》することによって国土を広げてきた。その排水のために、あの風車の風景が生まれたのだ。

ポルトガル語で、ネーデルラントのことを「オランダ」と呼ぶので、日本では「オランダ」という国名になった。これはオランダの中心地「ホラント州」から来た呼び名で、このホラントの意味は何かというと、「低い土地」。この国を、フランス語では「ペイ・バ」と呼び、これも「低地」という意味だ。どこまでいっても、低い土地。

日本では江戸時代、オランダだけが交易の相手国だった。なので、オランダ人ということにして長崎にやってきたのが、実はドイツ人のシーボルト。ところが、長崎の通詞《つうじ》はなかなかたいしたもので、

「先生の言葉は、少し違う」

と怪しんだ。シーボルト先生、内心は冷汗たらりで、

「いや。私はオランダでも山のほうの、高地オランダ出身なので訛《なま》っている」

とごまかした。低地しかないからオランダ、なのに。

一時フランスに統治されていたが、一八一五年、ネーデルラント連合王国として独立した。その時の範囲は、現在のベルギーとルクセンブルクを含んでいた。

＊

「オランダ」の正体……低い土地　【163P】

ベルギー王国　Kingdom of Belgium

そのオランダから分かれ、一八三〇年に独立したのがベルギー。地図を見ればわかるが、オランダから一つ内陸側にある。ケルト語の「bol」（沼地）と、「gai」（湿地の森林）を足して、ベルギーだという。湿潤《しつじゅん》地からだんだん乾いた土地に向かっていく感じだろうか。

＊

「ベルギー」の正体……沼地と森林　【163P】

グアテマラ共和国　Republic of Guatemala

中米の国だ。かつてマヤ文明が栄《さか》えた場所。例によって、ヨーロッパ人によって勝手に「発見」された。スペインからやってきたコンキスタドール（征服者）で有名なコルテスは、メキシコのアステカ文明を征服。彼の右腕であるアルバラードが、東隣にあるこの地のマヤ文明を征服した。

スペインの植民地になって約三百年、一八二一年に独立。先住民の言葉「クアウテメラン（森に囲まれた土地）」がスペイン語化して、国名になったようだ。

＊

「グアテマラ」の正体……森に囲まれた土地

ベリーズ Belize

そのグアテマラの隣で、ユカタン半島の付け根にある。美しい海と珊瑚礁《さんごしょう》から「カリブ海の宝石」と呼ばれている。

かつてここにやってきたコンキスタドールは、ユカタンの征服者と呼ばれるモンテーホ。前項のアルバラードとはライバル関係にあったようだ。まさかその関係が後々まで尾を引いたとも思えないが、隣国グアテマラはずっと「ベリーズはグアテマラのもの」と主張して、もめていたのだ。

独立は一九八一年と遅い。グアテマラとの国境が確定したのは一九九一年と、さらに遅い。

国土は、大半が沼沢地とジャングル。なので、先住民の言葉でベリーズは「泥水」という意味らしい。「カリブ海の宝石」なのに、泥水とは……。

＊

「ベリーズ」の正体……泥水

ナミビア共和国　Republic of Namibia

アフリカ大陸の南西にある国だ。植民地時代の名前は「ドイツ領南西アフリカ」。わかりやすいが、単に場所を示しているだけで、冷たい。第一次世界大戦後、南隣にあった南アフリカ連邦の統治領となり「南アフリカ領南西アフリカ」になる。方角がいっぱいあって、わかりにくい。アフリカがかぶってるし……。

当然、独立運動がおこる。二十年以上続いた独立戦争の結果、ようやく一九九〇年、アフリカ大陸最後の独立国となったのだ。新国名が「ナミビア」。国土の大半が「ナミブ砂漠」であることからだ。

ナミブは、現地民の言葉で「何もない」という意味。そりゃ、砂漠だから何もないよなあ。何もない土地をめぐって長年争いを続けてきたわけだから、よくできた戯画みたいで、人間の愚かさを感じる。

＊

「ナミビア」の正体……何もない土地

アイスランド共和国　Republic of Iceland

この国名は日本人でも意味がわかる。氷の国だ。地図で見ても、ノルウェーとイギリスの北のほうにポツンと浮かんでいる。寒そうだし、氷も張るだろう。

昔、ノルウェーからバイキングがやってきて、「イス（氷）ラント（国）」と名付けたものが、そのまま英語読みになったという。長くデンマークに支配されていた。が、あきらかに寒そうなこの名前のせいで移民が進まない（そりゃ、そうだ）。なので、さらにその北にある大きな島は、ほとんど万年雪に覆《おお》われているのに、「グリーンランド」という名前を付けられた。なんだか不動産屋の手口みたいだけど。

アイスランドがデンマークから独立したのは一九四四年と遅い。グリーンランドは今もデンマークの自治領だ（二〇一九年、アメリカのトランプ大統領が突然買収を言い出しているが）。両島間の海峡はデンマーク海峡という。本国デンマークから二〇〇〇キロも離れているのに。

＊

「アイスランド」の正体……氷の国 【129P】

アルバニア共和国 Republic of Albania

ラテン語の「アルバス（albus）」が語源だとされ、意味は「白い」。アルビノと同じ語源だ。といっても、東欧だ。アイスランドみたいな北国で、雪と氷で白いわけではない。国土が白い石灰質土壌だからそう呼ばれた（村落＝オルバが元だという説もあるようだが）。十一世紀にはすでにこの名前が登場する。

ところが自分たちはこの国名を好まず、鷲の国（シュチパリア）と呼んでいる。国旗にある双頭の鷲が、それ。東洋と西洋を睨《にら》んでいるらしい。ギリシャのすぐ北で、十五世紀からオスマン帝国の支配が約四百年も続いたという場所のせいだろうか。アドリア海を挟んだ西が、すぐイタリアだ。

一九一二年、アルバニア王国として独立。その後、東欧の例に漏《も》れず社会主義国家となったが、やがて親分のソ連を批判。実質的に鎖国状態になっていた。一九九一年に共和国となって、ようやく開放政策になった。

すぐ北が「モンテネグロ（黒い山）」だ。黒（ネグロ）と白（アルバス）が並んでいる、と考えれば憶《おぼ》えやすい。

＊

「アルバニア」の正体……白い土地　【129P】

チリ共和国　Republic of Chile

南米の太平洋側に細長く延びる国だ。十二世紀からインカ帝国の支配下にあった。が、十六世紀にスペイン人がやってきて、インカ帝国を滅ぼし、スペイン領となった。

その時、先住民のケチュア語でアンデスの山の「雪、寒い」という意味の言葉がチリ、あるいは先住民ピクンチェ族の族長の名前がチリ、それともインカ人によるアコンカグアの渓谷の名前がチリ……など、国名の由来には定説がない。

先住民アイマラ族の「大地の終わるところ」を意味する言葉を由来とする説が有力、という。

たしかに、チリは南北に四千三百キロメートル以上続き、最南部はホーン岬《みさき》に至る。その先は、年中荒れているドレーク海峡を隔てて南極だ。大地が終わるところ、ではある。

一八一八年にスペインから独立した。

＊

「チリ」の正体……大地が終わるところ

バヌアツ共和国　Republic of Vanuatu

南太平洋。オーストラリアの北東にある島国だ。

ヨーロッパ人によって「発見」されたのは十七世紀。のちにイギリス人のクックがやってきて、スコットランドのヘブリデス諸島にちなんで、ニューヘブリデス諸島と名付けた。その後、イギリスとフランスの植民地競争が激化する。一九〇六年に、世界でも珍しいイギリス・フランス両国による共同統治になった。もちろん「勝手に」だ。公用語も、通貨も二重にあるのだから、元々住んでいた人々にとって面白いはずがない。当然、独立運動がおこり、一九八〇年に独立。

メラネシア系の言葉で「バヌア」は土地、「ツ」は立つ、独立という意味。その合成語で、意味は「我々の土地」。この国名はなにか土地の特徴ではないが、こう名乗りたくなる気持ちはわかる。

＊

「バヌアツ」の正体……我々の土地

カナダ　Canada

最後に一つ。大地ではなく、そのウワモノで。

先住民に「ここは何という場所か?」と聞いて返ってきた答えが、のちの国名になった。ところがあとになって、それは単に山とか川、湖という普通名詞にすぎなかったと知る……というパターンは、けっこうある。この国もそうなのだ。

十六世紀。フランスからやってきた探検家が、セント・ローレンス川を遡《さかのぼ》っていく時、先住民に「ここは何という場所か?」と聞いた。返ってきた答えが「カナタ」。そこで、一五四七年の地図に「カナダ」と記載された。ところがあとになって、それは単に「村だ」と答えただけだったという。

こんな風に、当初はフランスによって開かれた土地だが、のちヨーロッパでのフランスとイギリスとの戦争の結果、イギリスの土地となる。これが現在の、カナダ・ケベック州(フランス語圏)分離独立運動のルーツなのだ。

日本人にとってイメージのいい国なので、テーマパークとして日本には「カナダ村」というものもある。あれは「村村」ということになるんだなあ。

＊

「カナダ」の正体……村

山河大地国名は、もっとも原初的な命名理由だろう。ここに挙げた以外にも、たくさんある。もっとも、山があるからその地名ができたのか、地名から山の名前ができたのか、長い年月を経るとどっちが先なのかよくわからないのだが……。

しかし、どんな高山でも大河でも、「おらが村」程度のクニならみんなが身近に接しているが、もっと大きな「国家」になるとそうはいかない。富士山はたしかに大きくて美しい山だが、日本人みんながそれを見たことあるわけではない。ケニア山だってそうだし、パラグアイ川だってそうだろう。

人は、遠くにある有名な山河よりも、近くにあるそこそこの山やそこそこの川のほうに愛着がある。だが、版図《はんと》が大きくなった近代国家はそれでは困るのだ。北のほうにある都市のために、南に住む人からもお金を徴収したい。西を守るため、東から兵隊を派遣したい。

だから国家というものは、共通言語と神話と物語と絵と写真と映像と音楽と……あらゆるものを使って、「我々は、昔からこの自然の下で暮らす同胞《どうほう》なのだ」と国民に刷り込んでいく必要がある。高山や大河はこうしてしだいに「国の象徴」になっていく。そして国名になる。

象徴になってしまえば、元の意味に意識がいかなくなる。ましてや、原住民の言葉がスペイン語や英語に変換され、さらにそれがカタカナになった形で、私たちは国名を知るのだ。元が山なのか川なのかなんて、わかるはずがない。しかし元の意味を知れば、「あ、そういう国なのか」と意外にアッサリ理解できたりするのだけれど。

……さて、日本は？

「日本」になる前、神話時代からこの国を表す名前はたくさんある。代表的なものに、以下がある。

「豊葦原千五百秋瑞穂国《とよあしはらのちいおあきのみずほのくに》」……まあ普通に考えれば、葦が茂る湿原が多い土地柄ということだろう。そこに千年も万年も穀物《こくもつ》がたわわに実る国、ということだ。

「秋津島《あきつしま》（洲《しま》）」……秋津はトンボのこと。湿原にはトンボもたくさん飛ぶだろう。

「大八洲《おおやしま》」……八は、多いという意味だろう。『古事記』『日本書紀』の国生み神話では、本州・四国・九州・淡路《あわじ》・壱岐《いき》・対馬《つしま》・隠岐《おき》・佐渡《さど》の八つになっている（この時点で、まだ北海道・沖縄はふくまない）。つまり大小の島による島嶼《とうしょ》国家ということだ。

「倭」「大倭」「大和」……すべて「ヤマト」という読みに漢字をつけたものだ。ヤマト王権が、しだいに大和朝廷になって、さらに日本になる。「ヤマ」については諸説あるが、「山」と考えるのが一番自然だろう。律令《りつりょう》制度の大和国といえば現代の奈良県。たしかに、山に囲まれているし。狭義のヤマトがこの畿内・大和のことで、しだいに広義のヤマトが大和を含む日本全体のことになっていく。

湿原と島と山。大平原のないこの国をよく表している。しかしこれらが、「toyoashihara」とか「ohyashima」「yamato」となって外国に伝わっても、外国人はそこから「湿原」や「島々」「山」をイメージできるはずがない。

お互いさまだなあ。

第二章

地理命名（海洋諸島港湾国名）

大航海時代、ヨーロッパからやってきた人々がその土地を「発見」し、勝手に「命名」する。当然、船でやってくるわけだから、海や航海に関係する名前が多い。やがてそれが国名になっていくケースもあるのだ。「海洋諸島港湾国名」としてみた。

【海洋】その国にあるのは、どんな海なのか？

バハマ国 Commonwealth of The Bahamas

中米・カリブ海に浮かぶ島嶼《とうしょ》国家だ。フロリダ半島の東南から、キューバに平行して点在する七百ほどの島がある国だ（有人島は三十）。

コロンブスが一四九二年の第一回航海で最初に「発見」し、勝手に「命名」したのが、この国の中にあるサン・サルバドル島だ。一時は別の島名になっていたが、バハマ政府がこの名前に戻した。たぶん「コロンブスが最初にやってきて命名した場所」ということに価値を見出しているのではないか？

スペイン領からイギリス領になり、独立したのは一九七三年。スペイン語で「バハ・マール

（引き潮）」というのが国名になったといわれる。

＊

「バハマ」の正体……引き潮【152P】

ホンジュラス共和国　Republic of Honduras

ここも、「発見」したのはコロンブス。四回目の航海だ。

ということは、同じカリブ海でも、第一回目のバハマよりもっと奥（西）に行った場所だなと想像できる。中米大陸の国だ。

やがてコンキスタドール（征服者）のコルテスが征服した。それから三百年。一八二一年、スペインから独立。一時メキシコ帝国の一部となったが、その後、中央アメリカ連邦（現在のグアテマラ、エルサルバドル、ホンジュラス、ニカラグア、コスタリカ）を経て、一八三八年に分離独立した。

ホンジュラスは英語読みだ。スペイン語読みでは「オンドゥラス」。これはスペイン語の「オンドゥラ（深い）」から転じたもの。コロンブスがここを訪れた時、海が深くて錨《いかり》が降ろせなかったから……だという。たしかに、カリブ海で一番深いケイマン海溝は、西の端がホンジュラスとグアテマラの境目あたりに達しているので、そうなのかもしれない。

本当にコロンブスの時にそういう出来事があったかどうかはわからないが、誰か船乗りがそう言った可能性はある。

無名の船乗りより、エピソードとしてはコロンブスのほうがいい。それは、（他の場所と違って、ここは）あのコロンブスが直接やってきた土地なんだ、ということだから。

＊

「ホンジュラス」の正体……深い海

エリトリア国 State of Eritrea

アフリカの東岸にある国だ。とはいえ、インド洋には面していない。面している海は、アラビア半島との間に細長く伸びる紅海《こうかい》だ。

一八六九年、スエズ運河ができて地中海と紅海（ということはインド洋）がつながってから、紅海沿岸地域はヨーロッパ列強にとって重要な場所となる。一八九〇年、イタリアがこの地を植民地にした。この時、ラテン語の「マーレ・エリトリウム（紅海）」にちなんでつけた国名。

その後イギリスに占領され、第二次世界大戦後は隣のエチオピアの圧力によって併合され「エチオピア・エリトリア連邦」となった。ここからの独立運動が長い。約三十年に及ぶ独立戦争の結果、一九九三年に独立したのだ。

だがその後も国境紛争は続く。一党独裁国家で、現在「平和でも戦争でもない状態」という。国は「アフリカのシンガポール」を目標に掲げているが、周囲からは「アフリカの北朝鮮」と呼ばれている。紅い、からか？

＊

「エリトリア」の正体……紅（紅海）【135P】

バーレーン王国　Kingdom of Bahrain

中東。ペルシア湾に浮かぶ島国だ。島国といっても、西は隣国サウジアラビアと橋でつながっている。東は、海の向こうにペルシア湾に突き出たカタール半島がある。

アラビア語で「バール（海）」と「レーン（二つの）」で、「二つの海」という意味らしい。

「ハハ〜ン、わかったぞ。東のカタール半島との間の海と、西のサウジとの間の海。島を東西から挟む、この二つのことだな」と勝手に理解したら、違っていた。

砂漠地帯なれど、この島には地下から湧《わ》く真水がある。だからこの淡水と周囲の海水とで、二つの海。地下には真水たっぷりのもう一つの「海」がある、という伝説なのだ。

さすが、エデンの園はここだったのではないかといわれる島だ。国名の由来にロマンがある。

一九七一年、イギリスの保護領から独立した。

＊

「バーレーン」の正体……二つの海　【177P】

ニュージーランド　New Zealand

オーストラリアの南東にあって、目立つ大きな島だ。

ヨーロッパ人がこの島を「発見」したのは一六四二年。オランダ人の探検家タスマンだ。やがて調査され、母国オランダのゼーラント地方に似ていることから「ニュー・ゼーラント」と名付けられた。

ゼーラントは、現在もオランダにある州だ。もともと低地であるオランダの、海岸線にある。Googleマップで見ても、島なのか干拓地《かんたくち》なのか運河なのか入り江なのかが複雑に入り組んだ海岸線。なので、意味は「海の土地」。「ゼー・ラント」は英語だと「シー・ランド」なのだ。

そのおよそ百年後、イギリス人のジェームス・クックがやってきて、英語風に「ニュージーランド」と呼んだ。

＊

「ニュージーランド」の正体……新しい「海の土地（ゼーラント）」

【海岸】その国には、どんな海岸があるのか？

コートジボワール共和国　Republic of Cote d'Ivoire

カタカナ英語だと「アイボリー・コースト（象牙《ぞうげ》海岸）」。これがフランス語では「コートジボワール」になる。日本人にとってアイボリーは色の名前だが、元は象牙のこと。たしかに、ああいう色をしている。カタカナで「コースト」と「コート」が似ているのはわかるから〝たぶん同じ意味だろう〟と想像できるが、「アイボリー」と「ジボワール」は全然似ていない。けれどアルファベットだと、「Ivory」と「Ivoire」だから、〝似てるな。たぶん同じ意味だな〟と気付く。日常的にアルファベットを使っている人は得だよなあ（イボワールに、d'がついてジボワールになっているから、カタカナだとより気付きにくい）。

ところがこの国は「我が国の国名は、他の言語に翻訳して使わないように」と政府が要請しているのだ。しかたない。

カタカナの塊「コートジボワール」として覚えると何のことだかわからないが、「象牙・海岸・フランス語」ということがわかれば、〝たぶん象がいるアフリカの国で、海に面していて、元はフランスの植民地だな〟ということはわかる。

アフリカ大陸の西側。ギニア湾に面している。過去、ヨーロッパ諸国がこのあたりから様々なモノを収奪し、輸出品目にした。その主要輸出品目で地名がつけられた。黄金海岸、象牙海岸、穀物《こくもつ》海岸、奴隷海岸など。黄金や象牙はまだしも、奴隷とは……。

一九六〇年にフランスから独立した。

＊

「コートジボワール」の正体……象牙海岸　【97P】

コスタリカ共和国　Republic of Costa Rica

前項に続いて、カタカナの「コスタ」が「コースト」に近いことは、日本人もわかる。スペイン語で海岸のこと。中米だ。かつてこの地に上陸したコロンブスが、先住民が黄金の装身具をつけているのを見て、「おお、ここは金を産出するのだ!」と、「コスタ・デル・オロ（costa del oro）」と名付けた。意味は、黄金海岸。前項のアフリカだろうと、このアメリカだろうと、侵入者はまず「黄金」に引き付けられるということがよくわかる。

ところが実際は、先住民が身につけていたのは他の土地で産した金を使った装身具。この地から金は産出しなかったのだが……残念。

しかし第一印象は大事だ。名前のプラスイメージから「コスタ・リカ」と命名された。「リカ」は豊かな、富めるというスペイン語。英語だと「リッチ」になる。つまり「コスタリカ（Costa Rica）」は「リッチ・コースト（Rich coast）」なわけだ。やっぱり、日常的にアルファベットを使っている人は得だよなあ。すぐに意味がわかる（日本語だと「富浜」になるのだろう。きっと中国語表記はそうだぞ！　と期待して調べると、「哥斯达黎加」なのだった……）。

同じカリブ海にあって、これは国家ではないが、アメリカ合衆国の自治領である「プエルトリコ」。この「リコ」も同じだ。プエルトリコの意味は「富める港」。

＊

「コスタリカ」の正体……富める海岸

カーボベルデ共和国　Republic of Cabo Verde

サッカーJリーグの「東京ヴェルディ１９６９」は名門チームだ。Jリーグ創設期は三浦カズ、ラモス、武田、北澤などを擁《よう》し、大人気だった。このヴェルディはポルトガル語の「ヴェルデ（緑）」からの造語。そういえばユニフォームは緑だった。

カーボは「岬《みさき》」なので、カーボベルデは「緑の岬」という意味になる。

「ああ、この国の海岸にはそういう岬があるんだな」

と思うのが普通だが、ところがこの国にそんなものはない。

アフリカの最西端、セネガルにカーボベルデという岬がある（有名な「パリ－ダカール・ラリー」のダカールがある場所）。さらにそこから西に五〇〇キロメートルほど行った沖合にある島国だ。セネガルとは別の国なのだが、なぜか他国の岬の名前を国名にしている珍しいケース。

たいていの日本の地図では「ベルデ岬」と「カーボベルデ」と書き分けているが、なんだあれは同じことなのか。

＊

「カーボベルデ」の正体……緑の岬（ただし、この岬があるのはセネガル国）

カタール国　State of Qatar

中東だ。当初は、アラブ首長国連邦（ＵＡＥ）に参加する予定だった。が、単独で独立できたのは、石油のおかげ。オイルマネーのおかげで裕福な国として有名だ。日本人には「ドーハの悲劇」で知られた場所。一九七一年、イギリスから独立した。

カタールは、点とか部分という意味、噴出するという意味もあるようだ。要するに「ペルシャ湾に突き出た小さな半島」ということだろう。地図を見れば、その通りだ。

＊

「カタール」の正体……点。部分（突き出た半島）

クウェート国　State of Kuwait

ここも石油で潤っている国。一九六一年、イギリスから独立した。

クウェートの意味は、かつてポルトガル人がこの国の港を要塞《ようさい》化した。砂漠の遊牧民の襲撃に備えてだ。そこで遊牧民が「閉じ込める」とか「囲い込み」と呼んだ「アル・クウァイト」が元になっているという。こちらも、地図で見れば、ペルシャ湾の一番奥に小さく囲い込まれた場所にある。

一九九〇年には隣の大国イラクのフセインが侵攻して囲い込もうとし、湾岸戦争がおきた。

＊

「クウェート」の正体……閉じ込める。囲い込み

【諸島】名前だけで島国だとわかる国もある。国名に「諸島」とつく国は四つある。

ソロモン諸島　Solomon Islands

南太平洋で、ニューギニア島の東にある。

ソロモン王というのは旧約聖書に登場する紀元前千年頃の古代イスラエルの王。英知の王であり、国の繁栄を築いたことから、のちに「ソロモン王の財宝伝説」が生まれ、多くの冒険小説や映画の題材になる。

時代はぐっと下って一五六八年、スペインの探検家メンダーニャがこの地にやってきて、ガダ

ルカナル島で砂金を発見した。「これが、探し求めていたソロモン王の財宝だ！」と吹聴《ふいちょう》し、ソロモン諸島と名付けた。距離にして一万四千キロメートル離れ、時代は二千五百年も経過しているのに、無責任な命名だ。

イギリス領だったが、第二次世界大戦中は日本軍が占領。ガダルカナル島はアメリカとの激戦地として、日本人にも知られている。
＊
「ソロモン諸島」の正体……ソロモン王の財宝伝説の島。六つの大きな島と千ほどの火山島、珊《さん》瑚《ご》島《とう》からなる

クック諸島　Cook Islands

南太平洋で、ニュージーランドの北東にある。
＊
「クック諸島」の正体……探検家キャプテン・クックの名前。十五の島々からなる【116P】

マーシャル諸島共和国　Republic of the Marshall Islands

太平洋の、ほぼ真ん中あたりにある。
＊
「マーシャル諸島」の正体……ジョン・マーシャル船長の名前。三十四の環礁、珊《さん》瑚《ご》島《とう》からな

る【117P】

セントビンセント及びグレナディーン諸島 Saint Vincent and the Grenadines

カリブ海で、南米ベネズエラの北にある。

＊

「セントビンセント及びグレナディーン諸島」の正体……聖ビンセントの日（一月二十二日）とザクロ。三十以上の島々からなる【102P、144P】

【島】名前が「島」を意味する国々。

スリランカ民主社会主義共和国 Democratic Socialist Republic of Sri Lanka

インドの南。尖《とが》った先っぽの東には大きなセイロン島が浮かんでいる。以前は島名と同じセイロンという国名だった。しかしイギリス人がつけた名前だし、独立国ではあるが、イギリス連邦内の国だった。そこで一九七二年、国名を古代インドの叙事詩「ラーマーヤナ」にも出てくるスリランカに改名し、イギリス連邦からも脱した。気持ちはわかる。

セイロンは「ライオンの島」という意味、スリランカは「光り輝く島」という意味だ。

セイロンの時、首都はコロンボで覚えやすかったが、スリランカになって首都はスリ・ジャヤワルダナプラ・コッテという、大変長く覚えにくいものになった。

＊

「スリランカ」の正体……光り輝く島

モルディブ共和国　Republic of Maldives

インドの南。前項スリランカの反対側の西南には、対照的にたくさんの小さな島からなる島嶼《とうしょ》国家がある。モルディブだ。千二百くらいの島があり、有人島は二百ばかり。Googleマップを見ると、そういった島々を珊瑚礁《さんごしょう》がぐるりとつないで輪になっている。

で、国名の意味は「島々の花輪」。できすぎている！　Googleマップの衛星写真を見て名付けたんじゃないのか？

もちろんそうではなく、サンスクリットでmalaが花輪、dheepが島を意味するという。で、マーラー・ドウィーパー↓モルディブだ。こんなに美しい名前だが、現地ディベヒ語では「ディベヒ・ラーッジェーゲ・ジュムフーリッヤー」という国名で、意味は「島に住む人々の共和国」。「花輪」がないではないか。

インドの近くだから当然、歴史は古い。十四世紀には、あの有名な旅行家イブン・バットゥータも滞在している。一九六五年、イギリスの保護領から独立した。地球温暖化で海面が一メートル上昇すると、国土の八〇パーセントが水没するといわれている。

＊

「モルディブ」の正体……島々の花輪

ツバル Tuvalu

南太平洋に「ギルバート・エリス諸島」というイギリスの植民地があった。

一九七八年、このうちエリス諸島が「ツバル」と改名して独立した。現地の言葉で「tu」は「立ち上がる」、「valu」は「八」という意味で、合わせて「八つの島」という。ところが、島の数は九つある。どういうこと？　有人島の数が八つだったからとのこと。

前項モルディブに次いで海抜が低い国土で、この島嶼《とうしょ》国家も地球温暖化で海没の危険性がある。ちなみに、残ったギルバート諸島のほうも翌年独立して、こっちは「キリバス」となる。

＊

「ツバル」の正体……八つの島

ミクロネシア連邦 Federated States of Micronesia

太平洋上に散らばる島々は、大きくミクロネシア、メラネシア、ポリネシアの三地域に分けられている。ギリシャ語で、「ネソス」は「島々」。そこに地名接尾語「イア」がついて「ネシア」となる。なので、ミクロネシア（小さな島々）、メラネシア（黒い島々）、ポリネシア（多くの島々）という意味だ。

その地域名がそのまま独立国の名前になった。太平洋諸島の例に漏《も》れず、スペイン→ドイツ→日本と順に領有され、第二次大戦後はアメリカの信託統治領となっていたが、一九八六年に独立した。

＊

「ミクロネシア」の正体……小さな島々　【227P】

パラオ共和国　Republic of Palau

そのミクロネシアの西の端にある。なのでここも、スペイン→ドイツ→日本という順番で領有された。日本委任統治時代は、南洋庁のパラオ支庁が置かれた。その後、アメリカの信託統治領から独立、という流れもミクロネシアと同じ。こっちは一九九四年だった。

パラオの意味は、マレー語で「島」。そのまんまだ。

＊

「パラオ」の正体……島　【152P】

インドネシア共和国　Republic of Indonesia

ここも「ネシア」だ。マレー半島から東西にとても長く伸びた島嶼《とうしょ》国家で、スマトラ島、ジャワ島、ボルネオ島（カリマンタン）など大きくて有名な島々もある。日本人には比較的馴染《なじ》みのある地域ではないだろうか？　大小一万三千もの島国の名前に「〜ネシア」がついているのは納得がいく。

しかし、やはり日本人に馴染みがある「インド」は、もっと遠く（西）で、しかもあっちは大陸だ。なのにずいぶん離れたこの島々に「インド〜」とつくのには、ちょっと納得がいかない。

とはいえ、それは日本から見た感覚。ヨーロッパから見ると、はるか東にあるインドの、そのちょっと向こうにある島々だから「インド・ネシア」。その北でベトナムやタイなどがある半島は、インドと中国（チャイナ＝シナ）の間にある半島だから「インド・シナ半島」……と、基本的にヨーロッパ人から見たアジアの地理感覚はザックリしている。まあ、遠隔地に対してはそういうもので、日本人だって、たとえばアフリカの各地に対してはザックリとしてしか把握《はあく》していないもんなあ。

かつてマレー半島を境に、そこから西はイギリス、そこから東はオランダ、とそれぞれが持つ植民地の領域を決めた（もちろん、現地にかまわず勝手にだ）。そこで、現在のインドネシアにあたる島々は「オランダ領東インド」という名前になった。

第二次世界大戦後に独立する時、さすがに東インドと名乗るのはおかしいので、それよりはましなインドネシアという名前になった。

＊

「インドネシア」の正体……インドの島々 【133P】

【港湾】

こういう命名はたくさんあるが、代表的なものをいくつか集めた。

ジブチ共和国 Republic of Djibouti

大きなアラビア半島の西南部の角っこが、今にもアフリカ大陸に当たりそうに近づき、紅海《こうかい》が狭《せば》まっている所がある。そのちょうどアフリカ側にある国だ。こういう場所は、航海上の要所になるに決まっている。

古くからアラビア海、インド洋では「ダウ船」という三角帆の船がある。アラビアンナイトの挿絵に出てきそうな船だ。この「ダウ船の停泊地」という意味から「ジブチ」という国名になったという。

ん？　ちょっと無理がある説のよう気もするが、ダウはザウと書いたりもするので、音としては似ているのだろう。

アルファベットで書くと、ダウ船は「dhow」、ジブチは「Djibouti」。なるほど。

＊

「ジブチ」の正体……ダウ船の停泊地

モザンビーク共和国　Republic of Mozambique

アフリカ大陸の東南部。大きなマダガスカル島の対岸になる。スエズ運河開通以前は、ヨーロッパ人にとってこのあたりの港は軍事上と貿易上で重要だった。なので、かつては「ポルトガル領東アフリカ」という植民地。その首都は、大陸から少し沖にある小島・モザンビーク島に置かれた。かつてバスコ・ダ・ガマが寄港した場所。先住民の言葉で船が集まる場所、停泊地という意味の「モサンブコ」が由来らしい。昔から良港だったわけだ。

やがて大陸側も、そこから訛《なま》ったモザンビークが地名になる。三百年以上にわたる植民地支配を脱し、一九七五年の独立時、それが国名になった。

＊

「モザンビーク」の正体……船の集まる所。停泊地

マルタ共和国 Republic of Malta

地中海。イタリアの長靴が蹴飛ばしたシチリア島の南に、小さな小石みたいな国がある。マルタだ。ここにいた小型犬がマルチーズ。

中世に「マルタ騎士団」というものがあったのを聞いたことがある方もいるだろう。イスラム勢力に対してキリスト教側が作った医療・軍事組織だ。その本拠地があった島だ。フェニキア語のメリタ（避難所・港）という言葉が元になっている。

マルタ騎士団は元々、十字軍の時代にエルサレムに設立された。イスラム勢力に追われてロードス島に避難し、さらにマルタ島に避難して来た。メリタ（マルタ）は荒天時の避難港という意味だから、騎士団的にもピッタリな意味となっている。

しかしやがてナポレオンが騎士団を追い出し、島はフランス領となる。その後、イギリス領となり、一九六四年、独立した。

で、またもや避難した騎士団はどこへ行ったのかというと、驚くべきことに、現在もイタリア・ローマにあるのだ。マルタ宮殿（という名のビル）は、イタリアからは治外法権が認められている。国土を持たない国みたいなもの……という不思議な存在で、マルタ共和国とは別に、国

連にもオブザーバー機構として参加している（さすがに軍事組織ではない。医療など慈善活動を行っている団体）。

＊

「マルタ」の正体……避難所。港

ポルトガル共和国 Portuguese Republic

ヨーロッパ大陸の西の端だ。ここから先は大西洋しかない。そりゃ海に繰り出して、世界中に植民地を持つよなと思う。日本へも、戦国時代末期、最初にやってきたのはポルトガル人だった。

ラテン語の「ポルトゥス（港）」と「カレ、ガレ（温暖な）」が語源というのが定説になっている。ポルトゥスが英語のポート（港）になるのは、容易に想像できる。この国第二の都市は、「港」という意味そのままのポルト。ここから輸出されるワインは、英語読みでポートワインになる。

＊

「ポルトガル」の正体……温暖な港

マダガスカル共和国 Republic of Madagascar

アフリカの東にあって、とてもよく目立つ巨大な島だ。

元々は、かのマルコ・ポーロの勘違いからついた名前だという。もっとも彼自身がこの島に来たわけではない。「紅海《こうかい》の南にモガディッシュという港がある」という話を聞いただけだ。現在アフリカ東岸にあるソマリアの首都・モガディシオ港のことだ。

しかしこれを港ではなく島だと勘違いして『東方見聞録』に「マダガスカルという島がある」と書いた。当然、行ったことはない。

それから百年後の、大航海時代だ。ポルトガル人がアフリカ東部で島を「発見」した。それを聞いたポルトガル国王は、「おお、それはマルコ・ポーロが書いたあの島だ！」と思ってしまった。

なので、島の名前はマダガスカルとなり、やがてフランス領から独立した時も、これを国名にした。他国の港の名前が、島全体を表す国の名前になってしまった。

＊

「マダガスカル」の正体……モガディシオ港（ソマリア）の勘違い

香港　Hong Kong

もちろん国ではない。外務省が分類する「その他の地域」の一つだ。

中国（清《しん》）とイギリスのアヘン戦争後、イギリスの植民地となる。およそ百五十年後の一九九七年、中国（中華人民共和国）に返還されたのは、憶《おぼ》えている方も多いだろう。しかし、オリンピックなどの国際大会には「ホンコン・チャイナ（中国香港）」として独自に参加している。

一国二制度という「大人の知恵」でなんとなくうまくいっているんだなあ……と思っていたが、

「逃亡犯条例」をめぐる大規模なデモとその強権的な鎮圧で、いよいよ国家という圧力が前面に出てきたようだ。

場所は珠江《しゅこう》という大河の河口にあるが、ここに集まってくる香木の集積地である港が、名前の由来だという。

しかし漢字はありがたい。日本人なら国名を見ただけで、ここが「港」であることがわかる。カタカナで「ホンコン」、あるいはアルファベットで「Hong Kong」では、まったく何も想像できない。漢字文化圏のよさだ。

同様にアルファベット文化圏では、アルファベット表記の国名（ラテン語、ポルトガル語、スペイン語、フランス語、英語……などいろいろあるが、綴《つづ》りに共通文字が残っていることも多い）を見ただけで、そこがどんな場所だか想像できるケースも多いのだろう。便利だなあ。

＊

「香港」の正体……香木の集積地である港

台湾　Taiwan

けれど漢字は危険でもある。日本人なら国名を見ただけで、ここに「湾」があると思うだろう。しかし台湾島の形は知っている。はて、あの島、どこかに大きく特徴的な湾があったかな？

実はこの国名、港湾とは関係ない。元々、原住民の言葉で「ターヤン（来訪者、客）」というのが元になったようだ。中国の文献には「東蕃」「台員」「大員」「大円」などの単語で出てくる。

ターヤンを音であてたのだろう。江戸時代の日本は「高砂国《たかさご》」と呼んでいる。中国が清《しん》の時代になって、「台湾」が一般的になったようだ。結局、音の当て字で、とくにどこかの港湾をさすわけではなかったのだ。

この場合は逆に、カタカナで「タイワン」、あるいはアルファベットで「Taiwan」であれば、「湾」を連想せずにすむ。アルファベット文化圏だと、なおさらだ。一長一短だなあ。

ここも、外務省が分類する「その他の地域」の一つだ。中華民国（台湾）も、中華人民共和国（大陸）も、公式にはお互いの存在を認めていない。それでも両者は存在し続けている。両国とも経済は発展している。オリンピックなどの国際大会には「チャイニーズ・タイペイ（中華台北）」として参加している。

「国家」というものはフィクションなんだ、ということがよくわかる。

＊

「台湾」の正体……来訪者（港湾とは関係なかった）

マカオ　Macau

もう一つ、「その他の地域」だ。ここは漢字で書くと「澳門」。「澳」は「水が深く入り組んだ湾や入り江」を指すという。香港と同じ珠江《しゅこう》という大河の河口にあり、香港とは向かい合っている。意味は納得だ。

港に入る前面にタイパ島とコロアン島があり、この二島が門のようにあるから「澳門」と言われる（現在は埋め立てられて二島は一島になっているが）。

やはり漢字は意味を推測しやすい。

香港と違って、ここはポルトガルの植民地になった。約百十年後の一九九九年、中国（中華人民共和国）に返還され「特別行政区」というものになった。カジノと観光で有名だ。

ここは「マカオ」として独自にアジア大会等には出場できるが、国際オリンピック委員会には承認されていないので、国際大会には出場できない。香港と似ているようで、微妙に違うのだ。

一国二制度ならぬ三制度なのか？

「国家」というフィクションは、いかようにでも改編できる。

＊

「マカオ」の正体……深い入り江と二つの島

だいたい三百年なんだな……というのが全体の感想だ。なにが？　ヨーロッパ諸国が大航海時代でアフリカ、アジア、アメリカに進出し、片っ端から植民地にしていってから、のちそれぞれの地域が国家として独立するまでだ。

日本にも戦国時代末期にやってきている。日本はそこから徳川幕府の時代に入るので鎖国状態になり、やがて明治で近代をむかえる。その期間が約三百年だ。世界各地の植民地独立は、早いところで日本でいえば江戸時代後期、遅いところで第二次世界大戦後。

それだけの長い間、ヨーロッパ各国は世界各地の植民地（自治領とか、保護領とかいろんな呼び名はあれど）から富を収奪してきたのだ。そりゃ、ヨーロッパ各国に富が蓄積されるわけだ。都市基盤の充実ぶり、とんでもない富豪の存在、文化芸術の成熟……などの原資はこれなんだよな。

大航海時代の世界進出は当然、船だ。だからその過程で勝手に「発見」し、命名した地名に、海洋、海岸、島、港湾などに由来するものが多い理由は納得できる。それが、のち大きな地域名になり、やがて国名になるケースもあるわけだ。

……さて、日本は？

前章の「大八洲《おおやしま》」「秋津島《あきつしま》」は、そのまま「島」を表している。他に、次のようなものもある。「東海姫氏国《とうかいきしこく》」……東海にある姫氏の国、ということ。海の中の島ということだ。姫氏は、女王が治めるという意味とか、中国・周の姓である姫氏の末裔《まつえい》とか、よくわからない。

「東洋」……いまは「東洋＝アジア」だという認識だろうが、それは明治になってできたもの。中国では、東洋とは日本のこと。つまり「洋＝海の中にある国」というわけだ。日中戦争時、日本人の蔑称《べっしょう》として「東洋鬼」があったし、日本が発明した人力車は「東洋車」と呼んだ。

日本の場合は、ヨーロッパ人が勝手に「発見」して命名するということはなかったが、すぐ隣にある大国・中国から見て、海洋・海岸・島の国名になっている。もちろん自称でもそうだ。

第三章

地理命名（方角中心辺縁国名）

方角を由来とする国名も多い。

人は太陽とともに生活し、夜は星を眺めて方角を確認する。移動する場合も、東に進むとか南に向かうと言ったほうが間違いがない。他の民族を指す場合も、西に住む人々、北からやってきた連中と認識するから、当然、方角が入った国名も多くなる。

もっとも、方角というのは「どこから見てそうなるのか？」というのがポイント。他称の場合は、命名した側との位置関係・力関係も国名に忍び込んでいるのが面白い。いくつか見てみよう。

【東】

まずは東から。方角ではこれが一番多い。太陽は東から昇るので、なんとなく「東」のほうがエライ感じがするのだろうか？

東ティモール民主共和国　The Democratic Republic of Timor-Leste

そのものズバリ、国名に「東」が入っている。が、その西に「ティモール国」なんてものはないのだ。どういうことか？

インドネシアにティモールという島がある。オーストラリアの北。ほぼ東西に細長い島だ。最初そこにポルトガルがやってきて、領有宣言した。その百年後にオランダが攻めてきた。島は分割され、東ティモール（ポルトガル領）と西ティモール（オランダ領）になった。現地にとっては、傍《はた》迷惑な話だ。

第二次世界大戦中は日本が全島を占領。戦後、西ティモールはインドネシアの一部として一緒に独立した。が、インドネシアとしては全島を支配に置きたい。一時は全島を占領したものの、抵抗にあって、二〇〇二年に「東ティモール」だけが独立したのだ。だからこれは「ティモールの東」ではなく、「ティモール島の東部」という意味だ。

ところで、マレー語・インドネシア語でティモールは東を意味するのだ。たしかに、東西に長いスンダ列島の中では東にあるのだが、この国名はどんだけ東なんだ！

＊

「東ティモール」の正体……東の東

ウルグアイ東方共和国　Oriental Republic of Uruguay

この国も、国名に「東」が入っている。南米だ。

国名の由来「ウルグアイ」はウルグアイ川から。インディオの言葉で「ウル」は「曲がりくねった」、「グア」は「川」「水」を意味する。ネーミングとしては、日本の「千曲川《ちくまがわ》」みたいなものだろう。これだけだと、山河大地命名だ。

この川はブラジルの南から始まり、北から南に流れ、ラプラタ川の河口近くに合流して、大西洋に注いでいる。千曲川（信濃川《しなのがわ》）は日本で一番長い川で、全長は三六七キロメートル。ウルグアイ川はラプラタ川第二の支流だが、全長一五九三キロメートル。さすが南米大陸は規模が違う。

ウルグアイ川は国境になっていて、川の西側はアルゼンチン。東側はウルグアイ。つまり、「東方」はここから来ているのだ。現在のウルグアイは、スペインの植民地時代「バンダ・オリエンタル（東方州）」と呼ばれていた場所。国名に、この「オリエンタル」が残っているのだ。

＊

「ウルグアイ東方」の正体……ウルグアイ川の東【153P】

エストニア共和国　Republic of Estonia

東という文字はなくても、東を意味する言葉が国名になっているケースがある。

北欧スカンジナビア半島に囲まれたバルト海。そこに面している「エストニア」「ラトビア」「リトアニア」は、バルト三国と呼ばれる。元々、それぞれ独立した国だったが、ロシア帝国、そしてソ連に併合されていた。

ソ連崩壊後、またそれぞれ独立したバルト三国となっている。その中の「エストニア」の意味は、「東の国」だ。

しかし、地図を見ればわかる。場所は、広大なロシアの大地の一番西の端がバルト海に面した所。場所的には、むしろ「西」だ。なのに、「東の国」とは？

バルト海には、沿岸各国からの別名があって、それが面白い。ドイツでは「オストゼー（東海)」、デンマークでは「ウスタスーウン(東海)」、スウェーデンでは「エステション(東海)」。エスト、オスト、ウスタ……などが、同じ「東」という意味だということはわかる。英語ならイーストだ。ところがエストニアだけは、この海を「レーネメリ(西海)」と呼ぶ。

方角というのは、どこから見るかで違う。エストニアはロシアの西だが、ヨーロッパの中央から見れば、東なのだ。

＊

「エストニア」の正体……ヨーロッパの東【135P、239P】

オーストリア共和国　Republic of Austria

前項で、バルト海はドイツ語では「オストゼー(東海)」だと書いた。古く、ドイツ語で「オストマルク(Ostmark＝東の辺境区)」と呼ばれたのがオーストリアだ。

のちのハプスブルグ家による繁栄のイメージがあるので、むしろヨーロッパ文化の「中心」ではないかと思うから、「辺境」は意外だ。もっとも、地図を見ればたしかに、ヨーロッパでは東寄りだが、現代では「中欧」と呼ばれる位置だ。名付けられた当時(八世紀末)は辺境だったのだろう。

＊

「オーストリア」の正体……東の辺境区【135P】

フィジー共和国　Republic of Fiji

南太平洋の島国だ。大小三百ほどの島からなる。一番大きく首都のある島が、現地の言葉で、ビティレブ島。ビティは「太陽が昇る、東方」という意味だという。レブは「島」。東島だ。この「ビティ」が英語に転化して「フィジー」になった。

さらに太平洋のずっと東には、独立国家ではないが「フランス領ポリネシア」という地域がある。なんとなくピンとこないが、そこにあるタヒチ島は有名だから、知っている。画家ゴーギャンが移り住んだ島だ。この「ヒチ」も同じ「ビティ」から来ている。タヒチもやっぱり「日が昇る」という意味なのだ。

まあ、太陽が昇る方向を目指して進めば、どこまで行ってもその先には「ビティ」な島があるわけだが。

＊

「フィジー」の正体……太陽が昇る（東）

【西】西を名乗る国は少ない。やはりなんとなく、日が沈む方向はものごとの終わりのようで、名乗りたくないんだろうか？

アイルランド　Ireland

イギリス（グレートブリテン島）の西にある。ヨーロッパ全体から見ても、西に位置する大きな島だ（経度で見るとアイスランドのほうが西になるが、あそこは北という感じなんだろう）。

古代メソポタミアで、東を「アス（asu）」、西を「エレブ（ereb）」と呼んだ。その「アス」が各国語で、エスト、ウスタ、オスト、イースト……になったのは、「エストニア」の項で書いた。じゃ、エレブは？　古代ケルト語で「エール」になる。これが英語化して「アイル」。だから、アイルランドは西にある島国だ。

ちなみに、もっと大きな範囲で見ると、アスはアジアの語源、エレブはヨーロッパの語源だ。だから「ヨーロッパのアイルランド」は、「西の西」ということになる。

＊

「アイルランド」の正体……西の国　【129P】

【南】「南」は太陽が輝く方向なので、「東」同様に明るいイメージがある。しかしそれはあくまで北半球の国での話だ。南半球では「南」を名乗る国家は少ないのだろうか？

南アフリカ共和国　Republic of South Africa

いきなり南半球だ。

アフリカ大陸の南端にある国だから、この国名はわかりやすい。

名前はわかりやすいが、歴史はわかりにくい。アフリカの各地方と同様に、ヨーロッパ各国によって植民地化される。ポルトガル↓オランダ↓イギリスという順番で領土にされ、一九一〇年、英連邦の一員「南アフリカ連邦」という自治領になった。が、一九六一年に連邦から脱退し、南アフリカ共和国となった。

＊

「南アフリカ」の正体……アフリカの南端

南スーダン共和国　The Republic of South Sudan

日本の自衛隊が国際平和協力法によって派遣されていた所だ。なので聞いたことはあるが、どこにあるのか咄嗟《とっさ》にはわからない。紛争地帯であることはわかるが。

アフリカのほぼ中央にある。イギリスとエジプトによる共同統治という変わった形だったが、一九五六年にスーダンとして独立。かつては、アフリカ大陸最大の国土を有していた。が、北部はイスラム教徒が多く、南部はキリスト教徒が多い。そこへもってきて、地下に石油資源が発見され、その多くが南部地域にあった。民族、宗教、資源、外国資本……こういったものが複雑に絡み合うともめるに決まっている。

長い内戦を経て、二〇一一年、南部が分離独立した。が、独立後も紛争が続いている。だから自衛隊が派遣されたわけだ。

ちなみに、元のスーダンは北スーダンとはならず、スーダン共和国のままだ。

＊

「南スーダン」の正体……スーダンの南側　【142P】

オーストラリア連邦　Commonwealth of Australia

オーストラリアは、古代ギリシャで「テラ・アウストラリス・インコグニタ（Terra Australis Incognita ＝未知の南方大陸）」と呼ばれたのが元になっている。アフリカで見つかった猿人をアウストラロピテクスと呼ぶが、あれは「アウストラロ（南の）ピテクス（猿）」。同じだ。

ヨーロッパ人が「発見」したのはアメリカ大陸より約百年遅く一六〇六年。日本では江戸幕府が始まった頃。入植が始まったのはさらに遅く、一七七〇年にキャプテン・クックが訪れてから。アウストラリス（Australis）から、この大陸の名前がオーストラリアになったのは一八二四年。

＊

「オーストラリア」の正体……南の大陸【135P、220P】

トンガ王国　Kingdom of Tonga

太平洋の島国だ。かつて大相撲《おおずもう》にトンガ出身の力士がいたことを思い出す。四股名《しこな》は、南ノ島、椰子《やし》ノ島、日ノ出島、福ノ島、幸ノ島、友ノ島。角界はネーミングセンスが素朴《そぼく》でわかりやすい。

トンガは、ポリネシア語で「南」という意味。サモアの南に位置するからだ。「東」という意味のフィジーのさらに東に位置するのだけれど、そっちは採用されなかったようだ。

＊

「トンガ」の正体……（サモアの）南【182P】

ベトナム社会主義共和国　Socialist Republic of Viet Nam

東アジアにおいては、古代からずっと中国が文明の中心だ。地続きである現在のベトナムもまた中国の影響下にあった。だから漢字文化圏。元号もあった。南のほうにあるので、安南と呼ばれる（安南は現在のハノイ）。大越とも言った。

江南（揚子江《ようすこう》の南の広い地域）には、古くから「百越《ひゃくえつ》」と呼ばれるさまざまな種族が住んでいた。「越」というのはずっと、南方民族の総称。「呉越同舟《ごえつどうしゅう》」の「越国」だ。

十九世紀の初め、ここを統一したグエン王朝が、中国（清《しん》）に、「我が国は南越と名乗りたい」と言った。が、中国は拒否。かつて南越という名の国に悩まされた過去があるからだ。かつてといっても、紀元前の「漢」の時代なのだが……。まことに、中国は歴史認識の射程距離が長い。そこで、ひっくり返して「越南」になった。その読みが、ベトナム。南＝ナン＝ナムだから、日本人も納得しやすい。

冷戦時代は、北ベトナム（ベトナム民主共和国）と南ベトナム（ベトナム共和国）に分かれていた。北越南と南越南だったわけだ。方角だらけだ。

＊

「ベトナム」の正体……越南（越国の南方）

イエメン共和国　Republic of Yemen

アラビア半島の南端にある。

アラビア語で「右」を意味する「アル・ヤマン」が英語化して「イエメン」となった。なぜ右かというと、聖地メッカにあるカーバ神殿に向かって立つと、顔は東を向き、右は南になる。かつては神殿に向かって右側（南側）は、すべてアル・ヤマンだった。その一番右（南）にあるこの地が、イエメンとなったのだ。

北部はオスマン帝国に支配され、北イエメン（イエメン・アラブ共和国）として独立。南部はイギリスの植民地から、南イエメン（イエメン民主人民共和国）として独立。両国が統合され、一九九〇年に現在の国名になった。

＊

「イエメン」の正体……右（神殿の正面に向かうと南）

【北】北を名乗る国もけっこうある。国名に南北格差はないようだ。

北マケドニア共和国 Republic of North Macedonia

ごく最近、この国名になった。旧ユーゴスラビアの一部だった。

ユーゴスラビアという国家は、多くの国に分かれた。一九九一年に独立した時の国名は「マケドニア共和国」。大昔からこのあたりの地域名であり、以前もマケドニアを名乗っていたからだ。が、これにすぐ南のギリシャが待ったをかけた。

「マケドニアという地域名は古代からあるもの。現在の場所でいうと、南半分はギリシャだ。なのに、そっちがマケドニアを名乗るのはけしからん」

ということでもめた。古代マケドニア王国のアレキサンダー大王は紀元前四世紀の人だ。そんな大昔から説き起こすのは、いかにもギリシャ地方らしい。そこで一九九三年、「マケドニア旧ユーゴスラビア共和国」を暫定《ざんてい》名称として国連に加盟した。なんだか離婚後も旧姓を引きずっているようだ。

ようやく二〇一八年になって、国名を「北マケドニア」にすることで、ギリシャ側も了承した。南はギリシャなので、南マケドニアという国はない。

なお「マケドニア」の意味は「高地の人」。

＊

「北マケドニア」の正体……古代マケドニア（高地の人）の北地域 【249P】

ノルウェー王国 Kingdom of Norway

スカンジナビア三国の中で、北側の外洋に面している国。バイキングの故郷だ。北方ゲルマン人の「ノルレベク（北航路）」が、英語でノルウェーになった。ノルレは英語でノース（北）にあたるわけだ。これは日本人でも納得しやすい。

フランスに、第二次世界大戦の上陸作戦で有名なノルマンディーという海岸があるが、この「ノル」も北という意味。フランスの北西部にある。

＊

「ノルウェー」の正体……北航路【167P】

イギリス（グレートブリテン及び北アイルランド連合王国）

United Kingdom of Great Britain and Northern Ireland

イギリスの正式名だ。この複雑で長い国名の説明は別章で（159、228P）。ここは、方角としての「北アイルランド」について。

現在、アイルランド島の北部六分の一が北アイルランドとして、グレートブリテン側に残っている。アイルランドの意味は「西の国」だから、北アイルランドは「西の北」になる。ややこしい。

「北アイルランド」の正体……アイルランドの北部地域【76P】

＊

北朝鮮　North Korea

日本とは国交がないので、外務省では「地域」扱い。名前も「北朝鮮」だ。が、正式国家名は「朝鮮民主主義人民共和国」。かつては必ず「北朝鮮・朝鮮民主主義人民共和国」という言い方をしたものだ。

朝鮮半島には昔からいろんな国が興《おこ》っては消えた。なにしろ古代からの超大国・中国の隣に位置するのだ。しかも地続き。この位置取りは、前項アイルランドより影響が大きい。良きにつけ、悪しきにつけ。

この半島には、古くから使われる国名が二つある。一つが「朝鮮」。意味は「朝が鮮《あざ》やかで美しい」ということ。これはつまり「太陽が昇る場所」「東」ということだ。当然、中国から見ての表現になる。だからこの国名は「東」命名でもある。

もう一つが「韓」。学生時代に習った馬韓《ばかん》・辰韓《しんかん》・弁韓《べんかん》という国名が記憶に残っている人もいるだろう。こっちの意味は「偉大な」「君主」。

李氏《りし》がこの半島を統一して「朝鮮」を名乗ったのが一三九二年。日本では室町幕府の三代将軍・足利義満《あしかがよしみつ》の頃だ。

一九一〇年、日本に併合された。戦後の一九四八年に独立。この時、北緯三十八度線を挟んで北と南に分かれた。最初にも見たが、国名は「朝鮮民主主義人民共和国」で別に「北」を名乗ってはいない。だからもう半分も「大韓民国」で、とくに南を名乗ってはいない。

＊

「北朝鮮」の正体……朝が鮮やかな（東の）地の、北側

【中央】 東西南北でなく、自らが中央・中心だと名乗る国名もある。

中華人民共和国 People's Republic of China

この地域が古代からずっと東アジア文明の中心地であったことは何度も述べて来た。多くの国

が勃興《ぼっこう》しては入れ替わってきた。おもな王朝だけで、夏《か》・殷《いん》・周《しゅう》・秦《しん》・漢《かん》・三国・晋《しん》・南北朝・隋《ずい》・唐《とう》・五代十国・宋《そう》・元《げん》・明《みん》・清《しん》……。

一貫して「中華思想」に支えられている。「中」は世界の中心であることを意味し、「華」は礼文盛んな文明の地ということ。だから四方の国家（民族）を、東夷《とうい》（朝鮮、日本など）、南蛮《なんばん》（東南アジア、西洋諸国など）、西戎《せいじゅう》（チベット、西の遊牧民）、北狄《ほくてき》（蒙古《もうこ》、韃靼《だったん》など）と呼んで蔑《さげす》んだ。

まあ、自分が一番偉くて周囲はみんな野蛮というのは、いつの時代のどの集団でもある幼稚で乱暴な考えだ（あえてそうすることで、集団内の結束を固める意味もある）。中国の場合は本当にそういう面があったから、仕方ない気もする。

一九一二年に中華民国となり、さらに一九四九年、それを台湾に追い出して中華人民共和国となった。二十世紀は振るわなかったが、二十一世紀になって経済に自信を持ち、太古からの中華意識が蘇《よみがえ》ってきているようだ。

＊

「中華」の正体……世界の中央にある文明の地

中央アフリカ共和国 Central African Republic

アフリカの中央にあるから、わかりやすい。

名前は堂々としているが、一九六〇年フランスから独立以来、政情不安が続いている。一九七六年にはボカサ大統領が皇帝を名乗り、「中央アフリカ帝国」という時代錯誤《さくご》な改名を行った。

が、わずか三年後クーデターで倒され、一九七九年、元の「中央アフリカ共和国」に戻った。が、依然として政情不安は続いている。

＊

「中央アフリカ」の正体……アフリカの中央

キューバ共和国　Republic of Cuba

カリブ海には大小の島があるが、この島が一番大きい。現地の言葉で「クーバ」という。意味は「中心地」だという。納得できる。

この島も、他のアメリカ各地と同じようにヨーロッパによって勝手に「発見」され、勝手に「命名」された過去がある。最初はコロンブスが、当時のスペイン王子ドン・ファナにちなんで「ファアナ島（ファナの土地）」と名付けた。その後「フェルナンジナ」「サンチャゴ」「アベマリア」などの名前を経て、結局「クーバ（キューバ）」に戻った。

一九〇二年スペインから独立したが、あらたにアメリカの支配に組み込まれただけだった。そこで一九五九年、ゲバラとカストロによってキューバ革命がおこり、中南米初の社会主義国となった。

＊

「キューバ」の正体……中心地

エクアドル共和国　Republic of Ecuador

東西は、どこまでいってもキリがない。東からも西からも等距離にある絶対的な「真ん中」となる場所は存在しない。が、南北ならば、真ん中はある。赤道だ。

算数で出てくる「イコール（equal）」という言葉は誰でも知っている。「等しい」ということだ。地球上で、北極からと南極からの距離が等しい場所が「赤道」になる。英語で赤道は「イクェイター（equator）」、スペイン語で「エクアドル（ecuador）」になる。

そう、南米の太平洋に面した国エクアドルは、赤道という意味の国名なのだ。かつてスペインの植民地だった。

なのでこの国は「赤道」が観光資源になっている。首都キトに赤道記念碑公園があり、北半球と南半球を同時に跨《また》ぐことができる。……がこれは昔の測量技術で測ったものなので、実は正しくないとのこと。近くに別の「本物の赤道」があるようだ。

＊

「エクアドル」の正体……赤道

赤道ギニア共和国　Republic of Equatorial Guinea

「赤道」を国名にしている国は、もう一つある。こっちはアフリカだ。元ヨーロッパの植民地らしく、国境線は北・東・南の三方がほぼ直線で区切られ、西はギニア湾に面している海岸だ。一九六八年、スペインから独立した。

ところが、こんなに堂々と赤道を名乗っているのに、実は領土内を赤道が通っていないのだ！ この国は赤道より少し北にある。北緯一度線が、南接するガボンとの国境線。赤道はガボン国内を通っている。

赤道ギニアの領土は、アフリカ大陸側の土地と、ギニア湾に浮かぶ島から成っている。首都は本土ではなく、湾上のビオコ島にある。珍しいパターンだ。はは〜ん、じゃあ大陸側に赤道は通っていないが、首都があるこの島が赤道直下なんだな……と思ったら、島は本土よりさらに北。もっと赤道から離れ、むしろ北に隣接する国・カメルーンの沖合にあるのだ。もう一つアンノボン島もある。ここは南緯一度だ。では二つの島の間の領海を赤道が通っているのか？……と思ったら、その間には「サントメ・プリンシペ」という別の国があるのだった。

どういうことか？

アフリカ西側には、すでにギニアという国がある（一九五八年、フランスから独立）。そこと区別するため、「どっちかというと赤道に近いほう」という程度の意味で、「赤道ギニア」と国名をつけた。なんとまあ、アバウトな……。

＊

「赤道ギニア」の正体……赤道は通ってないが、その近くにあるほうのギニア【137P】

【辺境】逆に端っこを意味する国名もある。中華思想とは真逆《まぎゃく》だ。

ウクライナ　Ukraine

旧ソ連の中にあったので、なんとなく日本人には認識されにくかった。が、ロシアを除けばヨーロッパ最大の国土を誇る大国なのだ。南は黒海《こっかい》に面していて、クリミア半島がある。その先は地中海へ、そして外洋へ通じる。ここがロシアともめるところなのだ。この半島の帰属問題をめぐって、現在も両国はにらみ合っている。

ウクライナ平原は肥沃《ひよく》で世界有数の穀倉《こくそう》地帯だ。ソフィア・ローレンの映画『ひまわり』には一面のひまわり畑が出てくる。映画を見たことない人でもあの風景は知っているだろう。ロケ地がウクライナだった……といえば、平原のイメージがつかめる。

肥沃な国土と、海に向かって開けた「玄関」という一面がありながらも、東欧から見れば「辺境」にあたる。なので、その意味の言葉が国名になったといわれている。

＊

「ウクライナ」の正体……辺境【241P】

ブータン王国　Kingdom of Bhutan

サンスクリット語で、チベットのことを「ボット」、端のことを「アンタ」という。これを合成して「ボッタンタ」が「ブータン」になったという。たしかに北部のチベット側から見れば、この国はヒマラヤ山脈の端っこにあたり、さらに先を南に下るとインドの亜熱帯気候になる。国土の高低差が凄《すご》いのだ（七〇〇〇メートルもある！）。自然環境の境目に位置した国であり、端っこであることは間違いない。
もっとも、自分たちでは「端っこ」ではなく「龍の国（ドゥルックユル）」と呼んでいるが。

＊

「ブータン」の正体……チベットの端　【182P】

方角から国名ができる場合、単純に考えれば四方向に差はないはずだ。たまたま東と名乗ったり、南と名乗ったり。あるいはたまたま西と呼ばれたり、北と呼ばれたり。ところがあきらかに、東の優位性がある。「日が昇る」「太陽」「朝」「東」という要素はプラスイメージなのだ。それを名乗りたくなるのは、人類が共通して持つ太陽崇拝《すうはい》のようなものだろうか。なので逆に、西は少ない。南北はほぼ同じような数だ。
いずれの方角にしても、いったいどこを基準にして「東だ」「南だ」と言っているのか？　東の東にはさらにまた東があって、キリがないのだから。地形的に見てそこが大陸や島嶼《とうしょ》の端である場合と、その地域での中心的な国や場所からの方角で命名されるようだ。

……さて、日本は？

国号を「日本」としたのは、「大宝律令《たいほうりつりょう》」（七〇一年）の時だ。この時、三十年ぶりに遣唐使《けんとうし》を再開している。中国に、「我が国の国号は（これまでの倭ではなく）日本という。大宝という元号も使っている。律令も整備している。（中国とは対等な立場にある）独立国だ」と宣言しに行ったのだ。その百年ほど前、「日出《い》ずる処《ところ》の天子、書を日没《ぼっ》する処の天子に致す」という国書で隋《ずい》の皇帝・煬帝《ようだい》を激怒させた事件（六〇七年）は有名だ。もっとも、この時皇帝が怒ったのは「天子」についいて。それを名乗れるのは世界の中心である中国の皇帝だけ、野蛮国のお前が名乗るな、ということだが。

この「日出ずる処」が「日本」になるのは、容易に想像できる。大宝の遣唐使に加わっていた僧弁正《べんしょう》に、「唐にありて本郷を憶《おも》ふ」という詩があって、

「日辺、日本を瞻《み》る　雲裏《うんり》、雲端《うんたん》を望む」（日の出るあたりに（故郷の）日本があると思って仰《あお》ぎ見る　雲がたなびいている）

と詠《よ》んでいる。

同じく遣唐使に加わっていた山上憶良《やまのうえのおくら》には、「大唐に在る時に本郷を憶ひて作る歌」というのがあって、

「いざ子ども　早く日本へ　大伴の御津《みつ》の浜松待ち恋ひぬらむ」（さあみんな、早く日本に帰ろう。難波の港の松が待ちわびているだろう）

と詠んでいる。

ともに、「日本」という国名を、唐に認めてもらった安堵《あんど》感が見てとれる。

だが世界中どこであろうと、お日様は常に東から昇る。日本から直接ズドンと昇るわけではない。だからこれは「東の国」という意味だ。補足すると「（中国から見て）東の国」。つまり、日

本という国名には「中国から見ての方角」という要素が潜んでいるのだ。そういえば、第二章で触れた「東洋」。さっきは「洋」に着目したが、この呼び名には「東」も含まれている。

大宝の遣唐使のほぼ二十年後に成立するのが『日本書紀』。これは国家による正史だ。ここでは堂々と「日本」という名前がついている。その後、朝廷ではたびたび「講書《こうしょ》（専門家による講義・解説）」が行われている。その問答の記録が残っている。平安時代には、こんな内容の問答もあったようだ。

〈質問〉日は（この国の）国内からは出ない。それなのになぜ「日出《い》づる国」というのか？
〈答え〉唐から見て日の出の方向にあるから「日本国」というのだ。

日本列島は、地形的にはユーラシア大陸の東の端っこだ。その東には太平洋が広がっているだけ。当時もしハワイと交流があれば、もっと東に別の国があることを知り、自らは東を名乗らなかったかもしれないが……。

さらに今回、世界の方角国名を見て「東の優位性」があることに気付いた。東を名乗ることは、素朴《そぼく》な太陽崇拝もあるのだろう（中国での太陽崇拝は長江流域の南部に強く、黄河流域の北部は天の星への信仰が強いという。だから煬帝は、「日出ずる処」には怒らなかったのか？）。

ユーラシア大陸の東端という地形。東アジア文明の中心（中華）である中国から東という位置。さらに、太陽崇拝。この三つの理由で「日本」を名乗ったのではないだろうか？

第四章

動植物命名

EASTERN HEMISPHERE OR THE OLD
ATLANTIC
WESTERN OCEAN
SOUTH AMERICA
AFRICA
ÆTHIOPIC
OCEAN
SOUTHERN or ÆTHIOPIC OCEAN
SELENOGRAPHY or A MAP of THE MOON
The VICISSITUDE of

人が住み着くはるか以前から、どこの場所でも植物が茂り（砂漠や極寒の地を除く）、動物が生息している。ある種の植物や動物がとくに多いケースもあるだろう。すると、後からやってきた人間は、「ここは○○が多い土地だな」と思い、そう呼ぶ。あるいは珍しい動植物があれば、「あの××がある場所」と呼ぶ。やがてそれらが地名になる。そして、ひょっとしたら国名になっていくのだ。

いわば、山河大地のウワモノとしての動植物命名だ。一部、鉱物も含む。

イタリア共和国　Italian Republic

この国名は日本でもとても有名だ。が、あの長靴の半島全体が「イタリア」として統一されるのはかなり遅い。古くから開けてきただけに、多くの都市国家や教皇領などが入り乱れて、なかなか統一できなかったのだ。ようやくイタリア王国が誕生したのは、一八六一年。日本の明治維新が一八六八年だから、実はあまり違わない。

では「イタリア」の意味は？　イタル人の国ということだが、このイタルの由来のほうは逆にぐっと古く、古代ローマ時代よりもっと前。古代ギリシャの全盛期だという。

当時ギリシャ人がこの半島にやってきて植民地を開いた。その時、やけに子牛がいる。古いラテン語で子牛は「vitulus（ビタロス）」という。このビタロスがイタリアの語源になったという。そういえば、イタリア料理は子牛肉料理を好む。

＊

「イタリア」の正体……子牛

スペイン王国　Kingdom of Spain

この国も、日本では有名だ。しかしスペインというのは英語の読み方で、正式には「エスパーニャ」と呼ぶ。これは古代ローマ時代の「ヒスパニア」から来ているという。

じゃあ、この言葉の意味は何かというと、兎《うさぎ》だ。あのぴょんぴょん跳ねる兎。当時、フェニキア人（現在のレバノン、シリアあたり）がこの地を植民地にするためにやってくると、野兎がいっぱいいたのでそう名付けたという。

実際、紀元前後にここで作られた貨幣には兎の図柄が多い。

＊

「スペイン」の正体……兎　【168P】

シンガポール共和国　Republic of Singapore

マレーシア半島の先っぽにある島国だ。サンスクリット語で、シンガはライオン、プラは城塞都市。合わせて「シンガプラ」が語源。これが英語読みで「シンガポール」になったといわれる。そういえば、世界三大がっかり名所の一つとして有名な「マーライオン」は、頭部がライオンで体が魚。この国の守り神になっている。

ところが、昔からこの土地にライオンは生息しないのだ。インドにライオンはいる。それが中国に伝わって、シンガは獅子となる。さらに日本にやってきて獅子舞になったり、神社の狛犬《こまいぬ》になったりもする。日本にだってライオンは生息しない。

つまり、ライオンというのは強さのシンボルだ。別にその土地に生息してなくてもいいし、体が魚だろうと、口から水を吐こうと、一向に構わないのだろう。もちろん、がっかりと言われようと、構わない。

＊

「シンガポール」の正体……ライオンの都市

＊

シエラレオネ共和国　Republic of Sierra Leone

アフリカの西の端にある国。シエラレオネは「ライオン山脈」という意味。こっちはアフリカだから、実際にライオンがいても不思議はない。

「シエラレオネ」の正体……ライオン山脈　**【19P】**

マリ共和国　Republic of Mali

そのシエラレオネから少し内陸に入った、アフリカの西部の大きな内陸国だ。ヨーロッパ人がやってくる前、この地には黄金の国と呼ばれる「マリ帝国」が存在していた。なので、一九六〇年にフランスの植民地から独立する時、昔の繁栄にあやかって、マリ共和国という名前になったのだ。

では、そのマリの意味は？　現地のバンバラ語では「カバ」のことだという。たしかに、首都バマコには大きなカバの銅像が建っている。では、そのバマコの意味は？「ワニの川」だという。どちらも実にアフリカの国らしい。

＊

「マリ」の正体……カバ

コートジボワール共和国　Republic of Cote d'Ivoire

アフリカのギニア湾に面した国。コートジボワールは「象牙《ぞうげ》海岸」という意味。

＊

「コートジボワール」の正体……象牙海岸　【52P】

コソボ共和国　Republic of Kosovo

旧ユーゴスラビアの一部だった国。この地域は分離・独立をめぐる紛争が続いてきたが、コソボという言葉は、なんとも平和的な意味を持つ。

ヨーロッパには、春の訪れを感じさせるクロウタドリという小鳥（ツグミの仲間）がいる。この鳥を、現地では「コス」と呼ぶ。なので「コソボ」は「クロウタドリの平原」という意味になる。

＊

「コソボ」の正体…クロウタドリの平原の国 【252P】

パナマ共和国 Republic of Panama

中米の「パナマ運河」は有名だ。ということは、あの細長い中米の中で一番細い場所なんだろうな、とわかる。スペインから独立した時（一八二一年）はいわゆる「大コロンビア」の一部だったが、さらにそのコロンビアから一九〇三年に分離独立をした。ということは、南米大陸のコロンビアに近い場所なんだろうな、ともわかる。

この二度目の独立の裏にはアメリカ合衆国がいた。アメリカはパナマ運河を作りたかったがコロンビアが拒否したので、パナマを独立させて運河を作ったのだ（一九一四年に開通）。ということは、アメリカと縁が深いんだろうな、ともわかる。

ところが独立してみれば、実はアメリカがパナマ運河地帯の主権を「永遠に」持つことになっていたから、ビックリだ。やがてナショナリズムが高揚し、アメリカとの国交断絶、ノリエガ将軍の独裁、アメリカのパナマ侵攻……と色々あって、一九九九年にようやくアメリカ軍を追い出した。

つまり、スペインから、コロンビアから、アメリカから……とこの国は三回独立をしたと言うこともできる。どこか強国の支配下に置かれるということは大変だなあ、ともわかるのだ。

パナマは、先住民の言葉で「魚が多い所」という意味だという。豊かな海だということもわかる。蝶《ちょう》の名前だという説もある。広く中南米に生息しているが、美しくて有名なモルフォ蝶もいる。蝶が多い国だということもわかる。色々わかるのだ。国名語源としては、魚説のほうが支持が多いようだが。

＊

「パナマ」の正体……魚が多い所。蝶の名前 【152P】

カメルーン共和国 Republic of Cameroon

アフリカの中央部でギニア湾に面している。

一四七〇年、この地を訪れたポルトガル人が、入り江にたくさんのエビがいるのに驚いた。そこで入り江を、「リオ・ダス・カマローネス（エビの川）」と名付けた。カマローネスはエビだ。やがて入り江だけでなく、後背地の海岸もカマローネスと呼ばれるようになる。これがカメルーンに変化し、やがて国土全体がそう呼ばれるようになったのだ。

最初ドイツの保護領になり、やがてフランス領カメルーンとイギリス領カメルーンに分割される（もちろん、勝手にだ）。一九六〇年にフランス領カメルーンが独立。その後、イギリス領カメルーンの半分も併合した（もう半分は隣国ナイジェリアと合併）。

＊

「カメルーン」の正体……エビ

ブラジル連邦共和国　Federative Republic of Brazil

南米大陸の大きな国だ。この地に一五四〇年にやってきたポルトガル人が、ある木を見つける。それはインド原産のスオウと呼ばれる木に似ていた。スオウは赤い染料の原料だ。日本語で蘇芳と書く。

この地で新しく見つけた木からも赤い染料が得られる。なので、ポルトガル語で「パウ・ブラジル（赤い木）」と名付けた。これは重要な輸出品目になり、ポルトガルにどんどん輸出された。ほどなく、この土地をブラジルと呼ぶようになったのだ。

この木の心材からとれる赤色色素はブラジリンと呼ばれる。乱伐《らんばつ》を続けていたが、やがて化学染料の登場で廃《すた》れる。ところが、この木がバイオリンの弓に適していることがわかったのだ。現在もブラジルウッドとかフェルナンブコと呼ばれるが、同じ木のこと。これが人気で、やっぱり乱伐される。現在は絶滅危惧種になってしまった。

ずっとポルトガル領だった。が、一八〇八年、本国ポルトガルがフランスのナポレオンに攻められる。するとポルトガル王室はブラジルに亡命し、リオ・デ・ジャネイロがポルトガル・ブラジル連合王国の首都になったりと、いろいろ大変だったのだ。

一八二二年にブラジル帝国として独立。その後、ブラジル合衆国になり、さらに現在のブラジル連邦共和国になる。

＊

「ブラジル」の正体……赤い木　【219P】

ブルネイ・ダルサラーム国　Brunei Darussalam

東南アジアで、かつてはボルネオ島と呼ばれていた大きな島は、現在ではカリマンタンと呼ばれている。このボルネオは、かつて島の北半分を占めていたブルネイが訛《なま》ったものだといわれている。

現在、北半分はマレーシアに編入されている。その中の一部が、一九八四年に独立した。国名がブルネイ・ダルサラーム。「ダルサラーム」というのは「ダル」が土地・村落という意味、「サラーム」が平和という意味。合わせて、「平和な土地」という意味になる。

では、かつて島の名前にまでなっていた「ブルネイ」は？　マレー語の「ココナッツ」だという。

石油や天然ガスが豊富で、ココナッツがなってるなんて、まさに平和な土地だ。

＊

「ブルネイ・ダルサラーム」の正体……ココナッツの平和な土地

グレナダ Grenada

中米・カリブ海に浮かぶ小さな島国。南米ベネズエラのすぐ北にある。コロンブスが三回目の航海で「発見」した島だ。フランスとイギリスが争奪戦を繰り広げ、はじめフランス、次にイギリスの植民地になった。そして、一九七四年に独立した。

スパイスの島として知られ、とくにナツメグが有名。他にも多くのフルーツがある。その中で、ザクロによく似たパッションフルーツが多かったので、スペイン語のザクロ「granadino（グレナダ）」とつけられたという。ザクロ果汁で作るグレナデン・シロップというものがあるが、あのグレナダだ。

いやそうではなく、アルハンブラ宮殿で有名なスペインのグラナダ由来の命名だともいう。が、そもそもグラナダは現地に生えるグレナダ（ザクロ）からついた地名なので、結局はザクロだ。

＊

「グレナダ」の正体……ザクロ

セントビンセント及びグレナディーン諸島 Saint Vincent and the Grenadines

前項グレナダのすぐ北にある、同じような島嶼《とうしょ》国家だ。セントビンセント島と、グレナディーン諸島からなっている。ここもフランスとイギリスが争奪戦を繰り広げ、イギリス領を経て、一九七九年に独立した。

国名後半のグレナディーンは、グレナダと同じザクロのこと。

前半のセントビンセントは、かつてコロンブスがこの島にやってきた一四九八年一月二十二日は「聖ビンセントの日」だった、という故事から。西インド諸島（つまりカリブ海の島々）に最初に「パンノキ」が持ち込まれたのが、この島だ。

パンノキはポリネシア原産で、果肉にでんぷんを含み、焼いて食べるのに適している。それだけなら、まあいい話ではないかと思うのだが、持ち込んだ理由が「黒人奴隷用の安い食料として」だと知ると、あまりいい気持ちはしない。

＊

「セントビンセント及びグレナディーン諸島」の正体……聖ビンセントの日とザクロ【58P、144P】

バルバドス　Barbados

同じくカリブ海の、こっちはグレナダのやや東北に浮かぶ島国。

「カリブのリトルイングランド」と呼ばれるほどイギリスとの関係が深く、良好だ。一九六六年に独立した。

「グレナダ」「セントビンセント及びグレナディーン諸島」とも近いのでこの島にもきっとザクロがあるんだとは思うが、それは国名にない。グレープフルーツが最初に発見された島で、それは誇っていいと思うのだがそれも国名にない。この国名の意味は「ヒゲモジャの木」。なんだそりゃ？

ポルトガル語で「バルバド」というのは「髭《ひげ》の生えた」という意味。この島にはヒゲモジャの木が密集していたからとか、木から垂れさがる苔《こけ》が髭を生やしたように見えるから、といわれる。国章の絵にはこの国を特徴づけるものが色々と描かれている。サトウキビ、ペリカン（鳥）、シイラ（魚）、オオゴチョウの花、そしてイゴス・バルブドスの木（ヒゲイチジク）。たしかに、少し髭が垂れている。

＊

「バルバドス」の正体……ヒゲモジャの木（ヒゲイチジクの木）

アンティグア・バーブーダ

Antigua and Barbuda

そのバルバドスから少し離れた北に連なる、やはり島嶼《とうしょ》国家。アンティグア島とバーブーダ島が主要な二島なので、そのまま国名になっている。コロンブスが二回目の航海で発見した。

アンティグアは、スペイン・セビリアにあるサンタ・マリア・デ・ラ・アンティグア教会にちなんでの命名（現在はないようだ）。

バーブーダは、前項のバルバドスのこと。誤って地図に記載されたものが、英語読みでバーブーダになったといわれる。たしかに、「Barbados」と「Barbuda」は、パッと見ただけで似ていることがわかる。しかしカタカナで「バルバドス」と「バーブーダ」になってしまえば、あまり気がつかない。

一九八一年にイギリスから独立した

＊

「アンティグア・バーブーダ」の正体……アンティグア教会とヒゲモジャの木（ヒゲイチジクの木）

キプロス共和国　Republic of Cyprus

地中海の東の端にある島国だ。中東やギリシャに近いので、早くから文明があったようだ。この国名の由来には二つの説がある。

一つは、この島に生い茂る糸杉だ。古代ギリシャ語で、糸杉は「kyparissos（キパリソス）」。これがキプロスになった。

もう一つは、この島から産する銅だ。ラテン語で、銅は「cuprum（キプルム）」。これがキプロスになった。英語で銅を意味する単語「copper」の語源といわれる。青銅器時代の銅は、現代の鉄とかレアメタルみたいなものだから、この島は大いに繁栄した。

しかしなんといっても小さな島だ。ペルシャ、ギリシャ、ローマ、オスマン帝国……など、各時代ごとの強大国に支配されてきた。第二次世界大戦後の一九六〇年、イギリスから独立した。ところが、ギリシャ系とトルコ系とで分断があった。一九七四年のトルコ軍侵攻によって、北キプロスが一方的に独立宣言をし、南キプロスと対立。以来四十年以上、大きな戦闘はないものの、分断されたままの状態が続いている。

＊

「キプロス」の正体……糸杉。銅　【139P】

アルゼンチン共和国 Argentine Republic

キプロスが銅なら、南米アルゼンチンは銀だ。十六世紀、この地にやってきたスペイン人は、大河を調査中、銀の装身具をつけた先住民に出会ったことから、「この大河の上流に銀の鉱脈がある！」と思った。そこで、川の名前を「リオ・デ・ラ・プラタ（銀の川）」と名付けた。現在のラプラタ川だ。

やがてこの地はラプラタ植民地と呼ばれるようになる。いわば、銀の国だ。やがて独立する時、植民地時代と違う名前がいいと考えた。同じく「銀」を意味するラテン語「Argentum（アルゲントゥム）」から、アルゼンティーナという国名になった。日本語ではアルゼンチンだ。

ところが実は、この国から銀は産出しないのだった。ああ、国名にまでなったのに……。泣かないで、アルゼンティーナ！（by「エビータ」）

＊

「アルゼンチン」の正体……銀（でも産出しない）

国は領土を取り合う。直接的に戦争によって、あるいは勝手に「発見」して。侵略、合併、植民地、保護領……言い方は色々あれど、要するに「その土地が欲しい」のだ。が、よく考えてみれば欲しいのは土地そのものではなく、その土地から産するものなのだ。

動物、植物、そしてそこに住む人間（労働力）といったウワモノ。鉱物や石油といった資源は地下に埋まっているからチカモノと呼ぶべきなのかもしれないが……。つまり、その土地や海から何を産するかが重要なのだ。

国名が自称の場合、それを誇るのは無邪気な感じもして微笑《ほほえ》ましい。他者が命名した国名の場合は、露骨《ろこつ》にその物欲が現れてしまう。

……さて、日本は？

すでに紹介した「豊葦原千五百秋瑞穂国《とよあしはらのちいおあきのみずほのくに》」には、葦と稲がある。自称なので、稲は無邪気にそれを誇っているわけだ。「秋津《あきつ》島《しま》（洲）」は、トンボ。これは何かの役に立つわけでもないけれど。

日本には、他にも動植物命名の国名があった。

「扶桑《ふそう》国《こく》」……これは「桑の木」というわけではない。中国には、はるか東海上に立つ伝説上の巨木があり、そこから日が昇る……という考えがあることからの国名だ。前章「方角命名」でもあるが、「動植物命名」でもある。

マルコ・ポーロが広めた「ジパング」という国名には、黄金というイメージが付随している。金銀銅といった鉱物資源は強力に人を引き寄せる力があるということは、この章のキプロスやアルゼンチンの例を見てもわかる。

第五章 人名国家

ATLANTIC
WESTERN OCEAN
SOUTH AMERICA
AFRICA
ÆTHIOPIC
OCEAN
EASTERN HEMISPHERE or THE OLD
SELENOGRAPHY or A MAP of THE MOON
The VICISSITUDE of

人の名前がついた会社名は多い。
トヨタ自動車（豊田《とよだ》佐吉《さきち》・喜一郎《きいちろう》）、本田《ほんだ》技研工業（本田宗一郎《そういちろう》）、江崎《えざき》グリコ（江崎利一《りいち》）、吉本《よしもと》興業（吉本せい）、松竹《しょうちく》（白井《しらい》松次郎《まつじろう》と大谷《おおたに》竹次郎《たけじろう》）、クライスラー、マクドナルド、スミス&ウェッソン（スミスとウェッソン）、ヒューレット・パッカード（ヒューレットとパッカード）……など、山のようにある。

どれも創業者の名前だ。自分の名前をつけるということは、内外に対し「俺が作った、俺の会社だ」とアピールする意味がある。「だから、俺（とその一族、子孫）がやりたいようにやる」というやっかいな一面とともに、「名乗るからには、おかしななまねはできない」という面もあるだろう。

創業者名ではなく、歴史上や神話での尊敬する人名をいただく場合もある。とはいえ、それは創業者が決めるのだから、やはり「俺が尊敬する人名に決める」なのだが。

国の場合はどうか？　人名が由来になっている国名はいくつかある。その人名は誰なのか？　なぜそれが国名になったのか？　誰がそれを決めたのか？　国民はそれをどう思っているのか？

アメリカ合衆国　United States of America

一四九二年、イタリア人・コロンブスが新大陸を発見した……ということは誰でも知っている。むろんそれは、当時のヨーロッパ社会から見て「発見」なわけで、昔からそこに住んでいた人々はいたのだが。

コロンブスは都合四回大西洋を渡った。

その三回目で、現在の南米大陸に到達している。しかし死ぬまで、自分が到達したのはアジア（インド周辺）だと思っていた……ということもよく知られている。おかげで先住民はインディアン、インディオと呼ばれ、カリブ海の島々は今も西インド諸島と呼ばれるという、やっかいなことになっている。

コロンブスに数年遅れて新大陸に渡った同じイタリア人がいた。アメリゴ・ベスプッチ。探検家としては後《おく》れをとったが、そこはアジアではなく、どうやら未知の新大陸らしいと気付いた。なので、そのことを書いた『新世界』という小冊子を発表する。なかなかアピールのうまい人だったようだ。

それを採用したのがドイツ人のワルトゼーミュラー教授だ。彼は一五〇七年に発表した『世界誌入門』という本の中で、

「新大陸は、発見者であるアメリゴの名前から、アメリカと命名すべきである！」

とブチ上げた。アメリゴのラテン語名がアメリクス。その女性形がアメリカなのだ。のちに、

「あ、この大陸は、先にコロンブスが発見したものだ」

と教授は自分のうっかりに気付いて、六年後に訂正した。その地図では、あらためて「テラ・インコグニタ（Terra Incognita＝未知の土地）」とした。が、時すでに遅し。もうアメリカという名前が独り歩きしていたのだ。

しかしまだこの時点では、「アメリカ」は現在の南米の一部地域を指す言葉。北米は「インディアス」と呼ばれていた。が、それを一緒にして、北アメリカ・南アメリカという大陸名にしたのは、「メルカトル図法」で有名なグラルドゥス・メルカトルが出版した一五三八年の地図だ。そう、アメリカという名前は、あの広大な南北両大陸を指す名前として最初に定着した。

それから二百年以上たった一七七六年、北アメリカ大陸にあった十三の植民地がイギリスからの独立を宣言する。この時、十三州は「ユナイテッド・ステーツ・オブ・アメリカ」と名乗った。つまり、「連邦国家・アメリカ大陸における」というわけだ。アメリカ大陸にあったからそう名乗ったわけで、もしアフリカ大陸だったら「ユナイテッド・ステーツ・オブ・アフリカ」だろう。これは素直な感覚だ。

自分の発見に死ぬまで気付かなかった探検家と、アピールのうまい探検家と、うっかりしていた教授と、有能で大胆な地図製作者と、素直な独立運動家たちのおかげで、アメリカは国名となった。

＊

「アメリカ」の正体……探検家アメリゴ・ベスプッチの名前【230P】

コロンビア共和国　Republic of Colombia

コロンブスの名前は、こっちに残った。

南米大陸にはスペインとポルトガルからコンキスタドール（征服者）がやってきて、各地から富を略奪、先住民文化を破壊し、植民地化していった。

それから二百年余りのち、現在のコロンビアがあるあたりは「ヌエバ・グラナダ（新グラナダ）」と呼ばれる副王領だった。グラナダはスペイン南部の地名。アルハンブラ宮殿で有名な所だ。副王領というのは、植民地ではなく本国スペインの州とか県にあたるという位置付け。が、現地で生まれ育った人々が主流になると、それで面白いはずがない。十九世紀に入ると各地で独立運動がおこる。

そこに、シモン・ボリバルという革命家が現れるのだ。一八一九年、スペインから独立を勝ち取った。その時、現在のコロンビア・ベネズエラ・エクアドル・パナマなどを合わせた地域を「コロンビア」という国名にした（のちに「大コロンビア」と呼ばれる）。意味は「コロンブスの土地」。新大陸発見から三百年以上も経って、コロンブスは神格化されていたのだろう（コロンブスだって、当時は略奪者だったのだが）。

その後、各地の内乱・分離・独立が色々あって、一八八六年にコロンビア共和国となる。

＊

「コロンビア」の正体……探検家コロンブスの名前

ボリビア多民族国 Plurinational State of Bolivia

シモン・ボリバルの名前は、こっちに残った。

ここも当初は、スペインの植民地だった。ペルー植民地の一部とされ、「アルト・ペルー（高地ペルー）」という名前。地図を見ればわかるが、ペルーとアルゼンチンに挟まれている地域だ。南米各地の独立運動が盛んになった時、ペルーにもアルゼンチンにも併合されたくない人々が、大コロンビアを独立に導き、ペルーも解放したシモン・ボリバルに頼った。こうして一八二五年、ボリビア共和国として独立した。意味は「ボリバルの土地」。

コロンブスという三百年も昔の人間ではなく、現役の人名が国名になったのだから、南米におけるボリバルの英雄ぶりがわかる。

しかしこの国は建国以来ずっと政情不安定。過去に何度もクーデターが起きている（なんと二百回以上！）。二〇〇九年、ボリビア共和国からボリビア多民族国という耳慣れない正式名称になったのは、それも反映しているのだろう。なにしろ、公用語はスペイン語の他に、先住民の三十六言語もあるのだから。

＊

「ボリビア」の正体……南米の英雄シモン・ボリバルの名前

ベネズエラ・ボリバル共和国 Bolivarian Republic of Venezuela

シモン・ボリバルの名前は、こっちにも使われる。ただし、新しい。

アメリゴ・ベスプッチ時代の探検家が、湾岸にいる水上生活の先住民を見て、「まるでベネチア（ベニス）みたいだ」と言ったことから、ベネズエラ（小ベネチア）となったようだ。かつての「大コロンビア」から「ベネズエラ共和国」として分離独立したのは一八三〇年。だから、これだけなら、ベネズエラという国名の正体は「水の都」だ。この章には登場しない。

この国も、南米名物のクーデターを何十回も経験している。膨大な石油資源があるのに貧富の差が激しいせいでもある。そうして、建国からずいぶん経った一九九九年、クーデターによって大統領に就任した反米のウゴ・チャベスは、ボリバル革命なる社会主義を唱えて、国名に「ボリバル」を足したのだ。

シモン・ボリバルはベネズエラの裕福な家庭に生まれ、南米五つの国を独立に導いた。が、ベネズエラ建国の年に四十七歳で亡くなり、その時、財産はほとんど残っていなかったという。そういった悲劇性も手伝い、二百年近く経っても、南米では「解放者（エル・リベルタドール）」と呼ばれて人気なのだ。

＊

「ベネズエラ・ボリバル」の正体……小ベネチアと、シモン・ボリバルの名前

ニカラグア共和国　Republic of Nicaragua

中米だ。この地にスペイン人がやってきたのは一五二三年。侵略が始まる。当然のことながら、先住民はそれに抵抗する。このあたりに住んでいたのはニキラノ族と呼ばれる人々で、その族長

がニカラオ。ゆえにスペイン人は、このあたりをニカラグア（ニカラオの地）と呼ぶようになった。命名は早いのだ。

しかし結局は征服され、植民地になる。

それから三百年。十九世紀に入って独立の気運が高まり、一八二一年、グアテマラ総督府（グアテマラ、ニカラグア、エルサルバドル、ホンジュラス、コスタリカ）は独立する。一国ずつは小さいけれど、みんなで独立すれば怖くない！……が、すぐにメキシコ帝国に併合されたり、色んなことがあって、一八三八年に再独立した。その後、独裁、革命、内戦……が続き、ずーっとゴタゴタしている。

＊

「ニカラグア」の正体……先住民の族長ニカラオの名前

クック諸島 Cook Islands

太平洋で、ニュージーランドの北東にある。その名の通り「諸島」で、首都があるラロトンガ島は映画『戦場のメリークリスマス』のロケが行われた場所だ。

探検家としての「キャプテン・クック」の名前は有名だ。本名はジェームズ・クック。イギリスの海軍士官で、一介の水兵からスタートして艦長にまでなったのだから、凄《すご》い。太平洋を三回航海し、ハワイ諸島を「発見」し、勝手に「サンドイッチ諸島」と命名した。そう、この頃は、西洋社会に知られていない島々に遭遇《そうぐう》した時は、それを「発見した」として、勝手に命名をするケースが多い。

ここは一七七三年に彼が見つけた島々なので、「クック諸島」だ。その後イギリスの属領になったり、ニュージーランドの属領になったりしたが、一九六五年、内政自治権を獲得し、ニュージーランドとの自由連合に移行した。日本は二〇一一年に国家として承認している。

＊

「クック」の正体……探検家キャプテン・クックの名前【57P】

マーシャル諸島共和国　Republic of the Marshall Islands

一七八八年、オーストラリア東南部のニューサウスウェールズに寄港していたイギリスの東インド会社の船、二隻があった。一隻はスカボロー号（船長ジョン・マーシャル）、もう一隻はシャーロット号（船長トーマス・ギルバート）。この両船長名とも、のちに国名になっている。

スカボロー号が調査したのは、太平洋ミクロネシア東部にある群島だ。実はすでに一五二八年、スペインの探検家が発見していた。が、二百六十年後に調査した船長の名前から、マーシャル諸島という名前になる。その後ドイツが保護領としていたが、第一次世界大戦後、日本の委任統治領となった。

♪私のラバさん　酋長《しゅうちょう》の娘～　で有名な『酋長の娘』という歌の二番は、♪赤道直下　マーシャル群島～　という歌詞なのだ。

第二次大戦後はアメリカの信託統治領となる。核実験と水着で有名になったビキニ環礁《かんしょう》はこの国にある。一九八六年に独立した。

＊

「マーシャル」の正体……ジョン・マーシャル船長の名前【57P】

キリバス共和国 Republic of Kiribati

もう一隻のシャーロット号は、マーシャル諸島より少し南の諸島を調査した。もっとも、ここも、すでに一六〇六年にスペインが見つけていたのだが。

ここは、ギルバート船長の名からギルバート諸島となった。やがて、南にあるエリス諸島とともに、ギルバート・エリス諸島としてイギリスの植民地となった。

そして一九七八年、このうちエリス諸島は、「ツバル」と改名して独立。残ったギルバート諸島は一九七九年に独立した。ギルバートの現地語発音がキリバス。なので、これが国名になったのだ。

日付変更線は太平洋の南のほうで東側にニュッと、トンカチみたいな形に東に張り出している。実はこれがキリバス。かつて変更線は国内を通っていたが、それでは不便なので、諸島を囲む形に修正したのだ。おかげでキリバスは、世界で一番早く新しい一日を迎える国になった。

＊

「キリバス」の正体……トーマス・ギルバート船長の名前【139P】

フィリピン共和国 Republic of the Philippines

大小七千以上もの島からなっている。古くから中国人やマレー人が混在する地域だった。ということは、昔から島ごとに異なる部族や文化があって、全体としての統一国家もなければ統一名称もないわけだ。

マゼランがスペイン艦隊を率いて初の世界一周を果たす途中、この島に寄った。一五二一年のことだ。当初は、到着したのが聖ロザリオの祝日だったので「聖ロザリオ諸島」と呼んだようだ。マゼランは結局この地で現地人に殺されてしまうのだが、これでスペインとこの島々との縁ができた。

やがて一五四三年、スペインの探検家ルイ・ロペス・デ・ビリャロボスという男がやってくる。彼は当時のスペイン皇太子フェリペを称えて、この島々を「ラス・フェリピナス諸島」と名付けた。これがフィリピンという国名の元になる。発見者や征服者でもなく、その場に来たわけでもない本国の王子の名前をつけるとは、これは露骨《ろこつ》なご機嫌取りだろう。

その後、この島にスペインが侵略してくることになる。やがて皇太子が国王フェリペ二世となった時、スペインは「太陽が沈まない国（南米・ヨーロッパ・アフリカ・フィリピンまで植民地を持つ）」と呼ばれ、全盛期を迎えるのだ。ちなみに、日本の戦国時代、天正遣欧《てんしょうけんおう》少年使節というのがあった。彼らがヨーロッパに行って拝謁《はいえつ》したのが、このフェリペ二世。つまり、その頃なのだ。

以来、この国は三百数十年に及ぶ長いスペイン植民地から、今度はアメリカ植民地に代わり、その後第二次世界大戦で大日本帝国に占領され、戦後にようやく独立した。しかし国名はずっとフィリピンだ。よく考えてみれば、かつての征服者の王様の名前をいつまでも国名にしておくのはいかがなものか？

そこで、二〇一九年、ドゥテルテ大統領は、

「フィリピンの国名を、マハルリカに変えたい！」

と言い出した。サンスクリット語で「マハ」は「高貴」、「ルリカ」は「創造する」という意味を持つ。タガログ語でも同様な意味のようだ。気持ちはわかるし、あの大統領なら言いそうな気はする。

最初に聖ロザリオ諸島と名付けられていたら、どうなっていただろう？

＊

「フィリピン」の正体……スペイン王フェリペ二世の名前

モーリシャス共和国　Republic of Mauritius

アフリカの東。インド洋の、マダガスカル島のさらに東にある島国だ。「インド洋の貴婦人」と呼ばれている。場所がら、古くからアラブ人航海者たちには知られた島だったようだ。

一五〇五年にポルトガル人がやってきた。そのあとオランダ人がやってきて、植民地にした。その時、オランダ総督オラニエ公マウリッツにちなんで、マウリティウス島と名付けたのだ。その後オランダの植民地経営はうまくいかず、七十年ほどで撤退。すると次にフランスがやってくる。名前はフランス島に変わった。

フランスの植民地経営は百年ほど続いたが、十九世紀初めナポレオン戦争の結果、今度はイギリスのものとなる。島の名前は元のマウリティウスに戻り、その時英語読みでモーリシャスとなったのだ。

一八六八年に、英連邦王国の一つとして、イギリスから独立している。日本の明治維新《いしん》と同じ年だ。その後、一九九二年に現在の共和制になった。

＊

「モーリシャス」の正体……オランダ総督マウリッツの名前

セーシェル共和国　Republic of Seychelles

モーリシャスから見ればずっと北にあるが、やはりインド洋の島嶼《とうしょ》国家。ここは「インド洋の真珠」と呼ばれている。貴婦人と真珠の違いは、何だろう？

ここも、モーリシャスとほぼ同じような歴史をたどっている。元々、アラブ人航海者たちが利用していた。あのバスコ・ダ・ガマもそれを目撃しているようだ。

まず、ポルトガル人がやってきた。それがフランスに代わる。その時のフランスの財務長官が、ジャン・モロー・ドゥ・セシェル子爵。その命を受けた男が、香料植物採取のためにやってきたのだ。そこで、依頼主の所有地として、セーシェル諸島と名付けた。財務長官レベルで国名になるのか？　というのが正直な感想だ。

その後、イギリスの植民地になる。イギリスは、当初モーリシャスと一緒に経営したのだ。やがてモーリシャスから分離。そして一九七六年に独立した。

＊

「セーシェル」の正体……フランスの財務長官セシェルの名前

サントメ・プリンシペ民主共和国 Democratic Republic of Sao Tome and Principe

アフリカの西、ギニア湾に浮かぶ島嶼《とうしょ》国家だ。変わった名前なのは、サントメ島とプリンシペ島が主な島だから。

サントメは「聖トマス」のこと。ポルトガル人がここにやってきたのが聖トマスの日（七月三日）だったからという。聖トマスはキリストの十二使徒の一人。たしかに人名ではあるが、これは記念日命名と言ったほうがしっくりくる。

もう一つのプリンシペはプリンス（王子）のこと。王子とは誰か？ ポルトガルのエンリケ航海王子だ。探検隊をアフリカ西海岸に何度も派遣して、島嶼の発見や、航路の開発をした大航海時代初期の重要人物。彼のおかげで、ポルトガルは大発展する。その名をいただくということから、ポルトガルの植民地だったことがわかる。奴隷貿易の中継基地となった。独立したのは一九七五年と、遅い。

＊

「サントメ・プリンシペ」の正体……聖トマスとポルトガルのエンリケ航海王子

ヨルダン・ハシェミット王国　Hashemite Kingdom of Jordan

中東。ハシェミットは王家の名前で、先祖はムハンマド（マホメット）だといわれる名家。正確には、預言者ムハンマドの曾祖父《そうそふ》ハーシムの家系。日本語ではハーシムとかハシミテともいう。

この地は、十九世紀、オスマン帝国に治められていた。そこへ接近してきたのが、あの「アラビアのロレンス（トーマス・エドワード・ロレンス）」だ。第一次世界大戦でオスマン帝国と敵対関係にあったイギリスは、オスマン帝国の内乱を画策。その役目にロレンスを使ったのだ。ロレンスはハシェミット家に接近。アラブ地方は、過去に統一した国を持ったことがない。そこで、ハシェミット家による統一アラブ国家の樹立を夢想させたのだ。

そうして内乱はうまくいったのだが、第一次大戦後、勝ったイギリスによってユダヤ人の「イギリス委任統治領パレスチナ」なるものができてしまう。実は、イギリス・フランス・ロシアで、オスマン帝国分割の密約があったからだ。イギリスはしたたかで、これは「三枚舌外交」と呼ばれている。

ハシェミット家は聖地メッカとメジナを含むヒジャズ王国を作るものの、やがてアラブの王家サウド家によって、追い出される。のち、これがサウジアラビアになる。

さて、パレスチナは南北にヨルダン川が通っている。そこで、一九四六年に、川の東側が「トランスヨルダン（ヨルダン川の向こう）王国」として独立。一九四九年、ヨルダン・ハシェミット王国に改名。ようやくだ。

民族と、宗教と、ヨーロッパ各国の思惑《おもわく》とが、それぞれ違った境界線を持つレイヤーとなって、中東全体を覆《おお》っているのだ。そりゃもめるわけだ。

＊

「ハシェミット」の正体……王族ハシェミット家の名前【25P、177P】

サウジアラビア王国　Kingdom of Saudi Arabia

あの広大なアラビア半島の大半を版図《はんと》としている。「アラビア」は「砂の民」「遊牧を行う人」という意味だ。「サウジ」は、前項でも書いたが、王族のサウド家。だから国名は、「サウド家のアラビア」という意味になる。

一九三二年「サウジアラビア」が建国される。

＊

「サウジアラビア」の正体……王族サウド家のアラビア【176P】

ジンバブエ共和国　Republic of Zimbabwe

最後に一つ、人名国家になりそこねた国を挙げておこう。

第一章・山河大地命名の所で、「ザンビア」について書いた。あそこは元ローデシアという地域名で、それは征服者セシル・ローズの名前から「ローズの家」という意味だった。イギリス領だったが、やがて南北に分かれ、北ローデシアは一九六四年に独立したことも書いた。

では、南ローデシアはどうなった？

翌年、「南ローデシア」として一方的に独立宣言した。だが、これは少数の白人支配層による政権。大多数の現地の黒人とも、本国イギリスとももめる。それから、黒人解放運動によるゲリラ活動が激化。ようやく一九八〇年に、ジンバブエと改名して独立した。当然のことながら、セシル・ローズという名前は、人名由来の国名として残らなかった。ローズは生涯独身だったとはいえ、ローデシア王国にはならなかった。

ジンバブエは、かつてこの地の王族が残したといわれる石造りの巨大遺跡から「石の家」という意味だ。

＊

「ジンバブエ」の正体……石の家（元の「ローデシア」は「ローズの家」）

人名が国名になっているケースは、大きく分けて二つある。

〈発見者の名前〉

アメリカ、コロンビア、キリバス……など。「ここは俺は見つけたから」という場合と、「あそこはあの人が見つけたから」という場合がある。発見者が、自分の名前ではなく、「本国の誰か高貴な人に捧げてその名をつける」というご機嫌取りみたいな場合もある。

もっとも、たいていはそこに先住民がいる。ヨーロッパから来た人間が、勝手に「発見」して、勝手に「命名」しているのだ。さらに勝手に「捧げ」られてもなあ……とは思う。

〈建国・独立の英雄の名前〉
ボリビア、ニカラグア……など。王家の名前がついている国家も、元はそうだ。

……さて、日本は？

日本の場合、「建国の英雄」は誰なのか？　カムヤマトイハレヒコが初代天皇（神武《じんむ》天皇）ということになっている。ヤマトタケルの物語も有名だ。どちらにも「ヤマト」が入っている。そこに「倭」とか「日本」という漢字をあてている。が、これは神話の世界だ。先に大和政権ができてから遡《さかのぼ》っての命名、と考えたほうが自然だ。

「発見者の名前」というのは、大航海時代の初期、ヨーロッパが新大陸周辺や極東にやってきた時に命名されやすい。日本では戦国時代だ。たしかに、種子島《たねがしま》に鉄砲を伝えて以来、ポルトガル人が続々とやってきている。日本も世界の大きな潮流の中にいたんだなあ。時はポルトガルの全盛期だ。彼らによって西洋社会に「発見」された極東の島国は、うっかり国王に捧げられて「エンリケ」なんて国名にされた可能性は……ないだろう。すでにその前に、島国の存在は認知されていたからだ。

当時日本にやってきたルイス・フロイスが書いた『日本史』のポルトガル語表記は「Historia de Iapam」だ。十四世紀、かのマルコ・ポーロによって「ジパング（Cipangu）」が知られていたので、その流れだろう。勝手に名前をつけられないで済んだ。

第六章 似ている国名

ATLANTIC
WESTERN OCEAN
SOUTH AMERICA
AFRICA
ÆTHIOPIC
OCEAN
EASTERN HEMISPHERE OR THE OLD
SELENOGRAPHY OR A MAP OF THE MOON
The VICISSITUDE of
Gulf of Guinea
Tropic of Capricorn

子供の頃、オーストラリアとオーストリアを混同しなかっただろうか？　とてもよく似た名前なのに、とても離れた場所にあり、面積もとても違う。歴史的にも新しい国と古い国家と、とても違う。間違えた時の差が大きいのだ。

イランとイラクも、よく似た国名だ。このケースでは、両国はすぐそばにあるから余計ややこしい。さすがに中東にあることは知っている。しかし地図を見ても、「……で、どっちがイランだっけ？」と何度も間違える。私だけだろうか？　その国の人にとっては失礼な話だとは思うが。

その他にもよく似た名前の国はいくつかある。場所がわかればまだしも、名前を知っているだけの国だと、たいていどっちがどっちだかわからなくなる。

それらは他人の空似《そらに》（他国の空似？）なのだろうか？　それとも本家・元祖争いのようなもので、「この国名はウチのものだ」と主張しあって、お互いに仲が悪いのだろうか？　あるいは、カタカナで表記するからたまたま日本人には似て見えるだけで、アルファベット表記や現地の呼び方では、実はまったく似ていないのだろうか？　その国の人たちは「我が国名はあの国と似ている」と思っているのだろうか？

アイスランド共和国　Republic of Iceland
アイルランド　Ireland

ともに大西洋にある島国だ。日本人が、名前だけでなく混同しやすいのはしかたない気がする。

面積はアイスランド島のほうが大きい。その約八割程度なのがアイルランド島。

緯度は、アイスランドが北緯六十五度あたりで、一部は北極圏にかかっている。かなり北だ。一方アイルランドは北緯五十三度あたり。だいぶ緯度は低い。……が、日本付近で言うとそれでも樺太《からふと》の北部にあたるから、実は十分に北なのだ。しかしともに、メキシコ湾流のおかげで、高緯度のわりには少し温暖。縁が深い国は、アイスランドにとってはノルウェー、デンマーク。アイルランドにとってはイギリス（愛憎半《なか》ばだろうが）。

＊

他人の空似

「アイスランド」の正体……氷の国　【40P】
「アイルランド」の正体……西の国　【76P】

アルバニア共和国　Republic of Albania
アルメニア共和国　Republic of Armenia

東欧の元社会主義国（アルバニア）と、旧ソ連の国（アルメニア）。ともに、日本人には馴染《なじ》みが薄い国家だ。

アルバニアは地中海・アドリア海に面している。イタリア半島の「ブーツの踵《かかと》」の対岸にある。白い土地、という意味。

アルメニアは中央アジア、黒海《こっかい》とカスピ海の間にある。国名は、アーリア系アルメニア人という民族名に由来するようだ。ところが、彼らは自らをハイ族と呼ぶ。ノアの方舟《はこぶね》で有名なノアの玄孫《やしゃご》（孫の孫）がハイクという名前で、そこから始まったのがハイ族だということらしい。その証拠に（？）、ノアの方舟が流れ着いたとされるアララト山は、アルメニアと国境を挟んだ向こうのトルコ側にある。アルメニアの首都エレバンからは、正面に大きく見えるのだ。

彼らは自らの国を、アルメニアではなくハイ族の国「ハイスタン」と呼ぶ。なので、「我が国の名前はアルバニアと似ている」とは思っていないのだろう。

＊

「アルバニア」の正体……白い土地【41P】

「アルメニア」の正体……アルメニア人の国【243P】

他人の空似

アンゴラ共和国 Republic of Angola

アンドラ公国 Principality of Andorra

アンゴラという国がどこにあるのか知らないけど、「アンゴラ兎《うさぎ》」は知っている。きっとその原産地なんだろう……と思っていたら、違っていた。アンゴラ兎はトルコの首都アンカラの古い名前から来たものという説や、フランス原産説などがあるが、アンゴラという国とは関係ない。となると、アンゴラという国については何も知らないことになる。

アンゴラは、アフリカ南部の西側で大西洋に面した大きな国だ。たしかに、こんな暑い国で長い毛のアンゴラ兎は生まれないだろう。かつてこの地を支配していた王様の名前が「Ngola（ヌゴラ）」。このヌゴラ王国がポルトガルの植民地になった時、「アンゴラ」になったという。

一九七五年、ポルトガルから独立。しかし典型的な米ソ代理戦争のアンゴラ内戦が始まり、えんえん二十七年。ようやく終結したのは二〇〇二年だ。ん？ ソ連崩壊後もやっていたのか？ 実は国内に石油とダイヤモンドを産するので、内戦は資源争奪戦争に移ったようだ。人の集団というものは、どんな理由でも争うことができる。

一方、アンドラは、スペインとフランスの国境に挟まれた小さな国だ。正式名はアンドラ公国。面積は、アンゴラ対アンドラが、二六六五対一。圧倒的に違う！

正式な独立は、アンゴラが一九七五年、アンドラが一九九三年。アフリカの国よりヨーロッパの公国のほうが新しいのか！

アンドラの語源は、中世アラビア語の「アルダーラ（木が茂る場所）」だという。

＊

「アンゴラ」の正体……ヌゴラ王の名前
「アンドラ」の正体……木が茂る場所　【169P】
他人の空似

イラク共和国 Republic of Iraq
イラン・イスラム共和国 Islamic Republic of Iran

ともに中東で、国境を接している。どっちの国も歴史は古いし、砂漠があって、石油が出て、イスラムで……と、日本人にはとても似たイメージだ。

イラクの首都はバグダッド。イランのかつての国名はペルシャ。なんだか『千夜一夜物語』の世界みたいで、同じだ。ササン朝ペルシャ（三世紀〜七世紀）はイランもイラクも、現在の中東各国も含んだ大きな帝国だったので、イメージがかぶるのは、しょうがないかもしれない。

チグリス・ユーフラテス川があるほうがイラク（低い土地）だ。

一方、サンスクリット語のアリア（高貴な）から、アーリア人という民族名が生まれ、アーリア人の国という意味が「アリアナ」。それが転化して「イラン」となった。一九三五年に、国名をペルシャからイランに変更している。ペルシャのままだったら、まぎらわしくなかったのに……。

一九七九年、ホメイニ師のイラン革命で、イラン・イスラム共和国が正式名になった。が、普通はイランと呼ぶので、まぎらわしさは変わらない。

＊

「イラク」の正体……低い土地【36P】

「イラン」の正体……アーリア人の国

改名したら、隣同士で似てしまった

インド　India

インドネシア共和国　Republic of Indonesia

インドは、大きな大陸国。インドネシアはそこからだいぶ離れ、東西に大小一万三千もの島からなる島嶼《とうしょ》国家だ。地図を見る限り、ずいぶん印象が違う。なのになぜ国名が似ているのだろう？

当時のヨーロッパ人から見れば、アフリカ南端の喜望峰《きぼうほう》を回ってはるばる航海してようやくたどり着く大陸のインドと、そのちょっと先にある島々のインドネシアという地理感覚なのだろう。そういえば、オランダ、イギリス、フランスなどの各国が「東インド会社」なるものを作るが、その守備範囲は今の東南アジアはもちろん、遠くは日本にまで達している。

そりゃ、あの島々を「インドのネシア（島々）」と呼ぶことに違和感はないよなあ。

＊

「インド」の正体……インダス川　【23P】

「インドネシア」の正体……インドの島々　【61P】

勝手に、似た名前をつけられた

ウガンダ共和国　Republic of Uganda

ルワンダ共和国　Republic of Rwanda

ともにアフリカ東部の内陸国で、国境を接している。過去に暴政や紛争のイメージもある。

ウガンダは、ナイル川（白ナイル）が始まるビクトリア湖に面している。住民の中ではガンダ族が多く、かつてはブガンダ王国として栄《さか》えた。「ブ」は接頭語で、ガンダ族の国というわけだ。「ガンダ」の意味は「境界」という説が強い。

イギリスの植民地とされたが、一九六二年に独立。国名は、やはりガンダ族の国だから、ウガンダ。ブガンダがバンツー語、ウガンダはスワヒリ語という違いのようだ。一時はアミン大統領の暴政で悪名を馳《は》せたが、現在は落ち着いている。

そのウガンダに西南で接する国が、ルワンダ。国土はウガンダの九分の一と小さい。

少数（一五パーセント）の牧畜系ツチ族が、多数の農耕系フツ族（八五パーセント）を支配して、かつてルワンダ王国があった。やがてドイツの保護領となり、第一次世界大戦後はさらに南のブルンジと一緒に「ルアンダ・ウルンディ」とされ、ベルギーの委任統治下に置かれた。

一九六二年に独立。この時、ルワンダとブルンジに分かれた。しかし、ツチ族とフツ族の争いは続き、ルワンダ紛争、ルワンダ虐殺《ぎゃくさつ》などがおきている。国名の意味はバンツー語で「人々の土地」なのに。

＊

「ウガンダ」の正体……境界
「ルワンダ」の正体……人々の土地

隣同士なので、似ている。なお、名前は似ていないが、ルワンダの国情は南接するブルンジに似ていて、兄弟国と呼ばれる

エストニア共和国　Republic of Estonia
エリトリア国　State of Eritrea

エストニアはバルト三国の一つ。北欧で、バルト海に面している。北と西に海がある。

エリトリアはアフリカの東岸で、紅海《こうかい》に面している。東に海がある。

＊

「エストニア」の正体……ヨーロッパの東【74P、239P】
「エリトリア」の正体……紅（紅海）【50P】

他人の空似

オーストラリア連邦　Commonwealth of Australia
オーストリア共和国　Republic of Austria

オセアニアの大洋に浮かぶ若い大陸国と、ヨーロッパにあって海がなく古い歴史のある国。面積比は約九十二倍。あまりに違う国だが、名前はあまりに似ている。

オーストラリアの国名の元は「テラ・アウストラリス・インコグニタ（未知の南方大陸）」。この「アウストラリス（Australis）」という部分だ。ラテン語でA。日本語カタカナだと「ア」。

オーストリアの公用語はドイツ語だから、「オストマルク（Ostmark＝東の辺境区）」と名乗っている。なるほど。ドイツ語で、こっちはOなのか。日本語カタカナだと「オ」。

ところが英語表記ではどっちも「A」になり、日本語カタカナだとどっちも「オー」になるから、わからなくなる。

＊

「オーストラリア」の正体……南の大陸。元はラテン語のA【79P、220P】

「オーストリア」の正体……東の辺境区。元はドイツ語のO【75P】

他人の空似

ガンビア共和国 Republic of The Gambia
ザンビア共和国 Republic of Zambia

ともにアフリカの国だ。

ガンビアは大陸の西の端っこ。ガンビア川の流域のみが国土という鰻《うなぎ》の寝床国家。イギリス領から独立したのは、一九六五年二月。

ザンビアは、大陸の南部の内陸国。イギリス領北ローデシアが改名して独立したのは、一九六四年十月。

両国の独立時期を見ればわずか四ヶ月しか違わない。

同じアフリカで、近い時期に、似たような名前で独立……というのはさすがに自覚していたようで、後発のガンビアは正式な国名を、冠詞をつけた「The Gambia」とした。が、日本人はカタカナで認識するので、あまり意味がない。

「ガンビア」の正体……ガンビア川（川川）【26P】
「ザンビア」の正体……ザンベジ川（大きな水路）【25P】
似ないように努力はした（が、似ている）

＊

ギニア共和国　Republic of Guinea
ギニアビサウ共和国　Republic of Guinea-Bissau
赤道ギニア共和国　Republic of Equatorial Guinea

すべてアフリカ大陸の西側にある国々だ。

ギニアの意味には諸説あるが、「黒人たちの土地」というような意味らしい。この言葉は十三〜十四世紀くらいから、アフリカ大陸の西側とその海岸あたり（ギニア湾）全体を指す、ずいぶん範囲の広い言葉だった。

十六世紀くらいからヨーロッパ人が金、奴隷、象牙《ぞうげ》などを求めてやってくると、分割されはじめた。つまり黄金海岸や、奴隷海岸、象牙海岸だ。黄金海岸は現在の「ガーナ」あたり、奴隷海岸は「トーゴ」「ベナン」、象牙海岸はそのまま「コートジボワール」という国名になる。

そのコートジボワールにも接しているのが、ギニア。大陸の西の端だ。ここも過去に奴隷貿易の拠点が置かれた。一九五八年、フランスから独立。旧フランスの植民地の中では独立が早く、いわば「本家ギニア」だ。

赤道ギニアは、十年ほど遅れて一九六八年、スペインから独立。ギニアからはずっと離れている（直線距離にして二五〇〇キロメートル程度）。こんなに離れた場所でも、過去はザックリと「ギニア地方」だったのだ。だからギニアを名乗りたい。が、すでにあるギニアとまぎらわしいので、赤道ギニアとなった（赤道は通っていないが）。いわば「分家ギニア」だ。

ギニアビサウは、「本家」ギニアの北隣だ。一九七四年、ポルトガルから独立。三つの中では最も新しい。じゃあ、「新ギニア」とでも名乗ればいいのだろうが、国名ではないが、すでに「ニューギニア島」という島がある。場所はオセアニアで、オーストラリアの北。アフリカからずいぶん離れてはいるけど、大きな島なので存在感は大きい（ここは元々、気候も先住民もアフリカのギニアに似ているという意味でニューギニアと名付けられたのだ。翌年、パプアニューギニアと名乗って独立する）。なので、首都の名前ビサウを国名につけ、ギニアビサウとした。いわば「ギニア別館」か。

＊

「ギニア」の正体……黒人たちの土地。本家ギニア
「ギニアビサウ」の正体……首都がビサウのギニア。ギニア別館
「赤道ギニア」の正体……赤道は通ってないが、その近くにあるほうのギニア。分家ギニア

【87P】

もともとこのへんは全部「ギニア」。それを細分化したので、似てしまった

キリバス共和国　Republic of Kiribati
キルギス共和国　Kyrgyz Republic
キプロス共和国　Republic of Cyprus

キリバスは南太平洋にある島国。ギルバート船長の名からギルバート諸島となり、その現地語発音がキリバス。

一方、キルギスは旧ソ連の国。中央アジアにある大陸の国だ。一九九一年に独立した。「キル」は草原という意味で、これが国名の語源だという説がある。キルギス・ステップで有名な草原の国だから説得力がある。

いや、「四十」という意味の「クルク」が語源だという説もある。国を構成する四十の部族のことで、キルギスの国旗の太陽から四十の光の筋が出ている絵が、それを示しているという。これも説得力がある。だからカタカナでは、現地発音に近い「クルグズ」という表記にすべきだと主張する人もいるようだ。クルグズだったら、この項の他の国とは似なかったのに……。

そしてキプロスは、地中海の東の端にある島国。古くから開けた島だ。

＊

「キリバス」の正体……トーマス・ギルバート船長の名前。島国【118P】
「キルギス」の正体……四十の部族。大陸にある草原の国【246P】
「キプロス」の正体……糸杉。銅。島国【105P】

他人の空似

コンゴ共和国　Republic of Congo
コンゴ民主共和国　Democratic Republic of the Congo

ともにアフリカの国だ。コンゴは現地バンツー語で「山」を意味する。だから「山河大地国名」なのだが、あまりに似た国名（というか、カタカナ部分はまったく同じ国名）が二つあるので、この章に入れた。

アフリカ中西部。ここはかつてコンゴ王国として栄《さか》えていたが、十五世紀からヨーロッパ人が続々とやってくる。各国入り乱れて領土の分捕《ぶんど》り合戦となった。諍《いさか》いもおこる。

そこで開かれたのが、新興ドイツの鉄血宰相《さいしょう》ビスマルクが主催した一八八四年の「ベルリン・コンゴ会議」だ。この結果、参加した欧米列強十四か国によってコンゴ、そしてアフリカ分割の大原則が決まった。

コンゴは、次の三つに分割される。

「フランス領コンゴ」

「コンゴ自由国」（実質はベルギー国王の個人領）→「ベルギー領コンゴ」

「ポルトガル領コンゴ」

もちろん現地は無視して、「ここからこっちは我が国のもの」「こっち側は俺がもらう」……と列強が勝手に分割しているのだ。これが帝国主義の実態。まだ明治になって二十年弱の日本は、どういう思いでこれを見ていたのだろうか？

その後、大小の戦争があり、最終的に第二次世界大戦後、それぞれが別に独立する。三つのうち、ポルトガル領コンゴはアンゴラの一部になる。ところが、あとの二つの国名がコロコロ変わる。

	「フランス領コンゴ」	「ベルギー領コンゴ」
一九六〇年六月三十日		←「コンゴ共和国」として独立（コンゴ・レオポルドビル）
八月十五日	←「コンゴ共和国」として独立（コンゴ・ブラザビル）	
一九六七年		←「コンゴ民主共和国」に改名
一九六九年	←「コンゴ人民共和国」に改名	
一九七一年		←「ザイール共和国」に改名
一九九一年	←元の「コンゴ共和国」に戻す	
一九九七年		←元の「コンゴ民主共和国」に戻す

同じ年（一ヶ月半違い）に、「コンゴ共和国」というまったく同じ名前で独立しているのだ。人名でいえば同姓同名だ。ちょっと変えようとは思わなかったのだろうか？　紛《まぎ》らわしいので、当時はそれぞれ首都名をくっつけて、通称「コンゴ・ブラザビル」、「コンゴ・レオポルドビル」と呼び分けた。

前者は途中「人民共和国」に改名したということは、一度社会主義になっているわけだ。後者は途中で「ザイール」に変えた。ザイールはコンゴ国内を流れる川の名前。意味は「大河」。だから、コンゴ→ザイール→コンゴ……と変わるのは、山→川→山……となっているわけで、まるで赤穂《あこう》浪士討ち入りの合言葉だ。

こういう変遷《へんせん》を経たのち、現在コンゴを名乗る国が二つあるのだ。小さなコンゴ共和国（元フランス領）と、大きなコンゴ民主共和国（元ベルギー領）。大きさは約七倍も違う。

ブラザビルは今もコンゴ共和国の首都。レオポルドビルは現在キンシャサと名前を変えて、コンゴ民主共和国の首都。しかもこの両首都は、両国の国境を流れるコンゴ川の対岸で向かい合う双子都市。さらに、コンゴ川の旧名がザイール川ときている。この両国、「わざと紛《まぎ》らわしくしているんじゃないのか？」とすら思ってしまう。

＊

「コンゴ共和国」の正体……山。元フランス領
「コンゴ民主共和国」の正体……山。元ザイール（川）。元ベルギー領
元々三兄弟の内の二つなので、似ている

スーダン共和国　The Republic of the Sudan
南スーダン共和国　The Republic of South Sudan

これもともにアフリカの国。大陸のほぼ中央にある。スーダンの意味はアラビア語の「黒い人

の国」。元々は、北アフリカのアラブ人たちから見て、サハラ砂漠以南はすべてスーダンだったという。ずいぶん大雑把《おおざっぱ》な区切り方だ。

　この地域は南から北に、アフリカ大陸最長のナイル川がえんえん流れている。その北に接するエジプトとイギリスとの共同統治領という、傍目《はため》にも複雑そうな状態から、一九五六年にスーダン共和国として独立。当時はアフリカ大陸最大面積の国だった。

が、長い内戦を経て二〇一一年、今度はそこから南部が分離独立。元あったほうは北スーダンとはならず、スーダンのままだ。

「こっちが本家なんだから、名前を変える必要はない」ということか、あるいは「ここらは全部スーダンなんだから、誰が名乗ってもいいだろう」ということか？

＊

「スーダン」の正体……黒い人の国
「南スーダン」の正体……スーダンの南側【78P】
もともとこのへんは全部「スーダン」。暖簾《のれん》分けした分家だから、似ている

スロバキア共和国　Slovak Republic
スロベニア共和国　Republic of Slovenia
セルビア共和国　Republic of Serbia
旧チェコスロバキアを構成していたのが「スロバキア」。一九九三年、分離して独立した。内

陸国で、北はポーランド、西はチェコとオーストリア、南はハンガリーに接している。

旧ユーゴスラビアを構成していたのが「スロベニア」。一九九二年、分離して独立した。西はイタリア、北はオーストリアとハンガリーに接している。南は、少しだけアドリア海に面している。

同じ旧ユーゴスラビアの中心にあった国が「セルビア」。二〇〇六年、セルビアになる。内陸国で、東はルーマニア、北はハンガリーに接している。日本語だと「ス」と「セ」で違うのであまり似ていないようにも思えるが、元は同じ「スラブ民族」という意味だ。

どの国も国境を接してなく、ハンガリー（ここはフン族）を中心にして、三方向の位置にある。スロバキアは西スラブ人で、スロベニア、セルビアは南スラブ人と分類される。

＊

「スロバキア」の正体……スラブ民族の地（西スラブ人であるスロバキア人）【254P】
「スロベニア」の正体……スラブ民族の地（南スラブ人であるスロベニア人）【248P】
「セルビア」の正体……スラブ民族の地（南スラブ人であるセルビア人）【251P】
元は遠い親戚なので、似て当然

セントクリストファー・ネービス Saint Christopher and Nevis
セントビンセント及びグレナディーン諸島 Saint Vincent and the Grenadines
セントルシア Saint Lucia

キリスト教には「守護聖人の日」というのがある。ゆかりのある職業や地域などを、過去の聖人が守ってくれるという考え。聖人の誕生日や殉教日などで設定、三百六十五日すべてに、しかも一日に複数の守護聖人がいる。東方教会、西方教会で日付が違う場合もあるから、ややこしい。日本人にも有名なのが、二月十四日の「聖バレンタインデー」だろう。この日は、バレンタイン司祭が恋人たちの守護聖人となっている。この「聖〜」は、つまり「セント〜」だ。

同様に、この三つの国名は「聖クリストファー」「聖ビンセント」「聖ルシア」という意味だ。すべて中米・カリブ海に浮かぶ島嶼《とうしょ》国家。国名の由来は、コロンブスがその島を「発見」した日がその守護聖人の日だったから。元をたどれば人名国名ではあるが、どちらかというと日付のほうが重要なので、この章に入れた。ところが、その日付が……。

セントクリストファー（聖クリストフォルス）の日は、東方教会で五月九日、西方教会で七月二十五日。ところが、コロンブスが二回目の航海で一四九三年十一月十二日に発見したのが島名の由来……と書いている本もある。どっちとも日付が合わないではないか。聖クリストフォルスは船乗りの守護神だ。コロンブスの名前はクリストファーだから、それにちなんで命名したというほうが正しいようだ。ちなみに、もう一つのネービスはネービス島のこと。島の山にかかった雲を雪と見間違え、スペイン語の「ニエベ（雪）」から命名したという。

セントビンセント（聖ビンセント）の日は、一月二十二日。ワインの守護神らしい。コロンブスがこの島を発見したのが一四九八年一月二十二日だからそう命名した……と、これまた多くの本に出ている。しかし、コロンブス三回目の航海は一四九八年五月〜一五〇〇年十月（逮捕され、本国に送還）なのだ。一四九八年一月二十二日だと、まだ出航もしていない。コロンブスの船はタイムマシンなのか？　現在では、コロンブスがこの島を訪れた証拠もないとされている。

この国だけでなく、一般的に中南米の国や島は、コロンブスゆかりであるエピソードを強調する傾向がある。日本でも「ウチは、初代××と縁がある」などと、歴史と伝統をアピールした伝承は多い。こういう人情は世界共通なんだなあ。

セントルシア（聖ルチア）の日は、十二月十三日。目、視覚障碍者《しょうがいしゃ》の守護神。コロンブスがこの島を発見したのが一五〇二年十二月三日……とある。四回目（最後）の航海が、一五〇二年五月～一五〇四年十一月だから、これは計算が合う。

なお、有名なナポリ民謡「サンタルチア」は、この聖ルチアのことだ。

＊

「セントクリストファー」の正体……聖クリストフォルスまたはクリストファー・コロンブス
「セントビンセント」の正体……聖ビンセントの日（一月二十二日）【58P、102P】
「セントルシア」の正体……聖ルチアの日（十二月十三日）
すべてコロンブスがらみの守護聖人の日。「セント」が似ているのはしかたない。前二者は日付のあいまいさも、似ている

ドミニカ国　Commonwealth of Dominica
ドミニカ共和国　Dominican Republic

恥ずかしながら、ドミニカという名前の国が二つあるなんて知らなかった！

ともにカリブ海だ。ともに島国。混同しやすい。とはいえ位置は離れていて、島の大きさは六十倍も違う。

カリブ海には、南米大陸に向かって点々と伸びる小さな島々の列がある。小アンティル諸島。その中にある小さな島がドミニカ国だ。キリスト教で安息日（日曜日）を、ドミンゴという。一四九三年十一月三日の日曜日にコロンブスがこの島に到達したので、それを国名にした。一九七八年、イギリスから独立。

一方、カリブ海には大きな島が二つある。一つがキューバ。もう一つが、イスパニオラ島。イスパニオラ島の東側三分の二がドミニカ共和国だ（西側三分の一は、ハイチ）。一般の人が「ドミニカ」と聞いて思い浮かぶのは、たぶんこっちだろう。

この島には、コロンブスが一四九二年にやってきている。が、どうやら日曜（ドミンゴ）ではなかったようだ。その後、スペイン人が入植。そして名付けたのが「サント・ドミンゴ（聖ドミンゴ）」。その理由には、いくつか説がある。①キリスト教のドミニコ会を作った聖ドミンゴにちなんで。②コロンブスの父親の名前ドミンゴにちなんで。③スペイン人入植の日が日曜（ドミンゴ）だったから。この三番目は、「ドミニカ国」のほうのエピソードと混同されている可能性がある。こんなに名前が似ているんだから、しょうがない。ハイチから、一八四四年に独立。しかしスペインに併合され、一八六五年に再独立した。

＊

「ドミニカ国」の正体……コロンブスが安息日（ドミンゴ）にやってきたから

「ドミニカ共和国」の正体……聖ドミンゴ（ドミニコ会）
境遇が似ているので、名前も似る

トルコ共和国　Republic of Turkey
トルクメニスタン　Turkmenistan

中国の歴史に「突厥」という民族が出てくるのを、うっすら憶《おぼ》えている。「とっけつ」と読むが、昔から妙な名前の民族名だなあと思っていた。妙なのも道理で、あれは「テュルク」の音に漢字を当てただけのようだ。そのテュルク族の国だからトルコ。突厥とトルコは同じだったのかあ！

ケマル・アタテュルクというトルコ建国の父の名前も、ぼんやり憶えている。この「テュルク」もそうだ。意味は「父なるトルコ人」。ケマル・パシャに、議会から贈られた姓だという。ケマル・パシャとケマル・アタテュルクは同じ人だったのかあ！

ちなみに七面鳥のことを「ターキー」という。あれは「トルコの」ということだが、七面鳥は北アメリカ原産。なんで？　トルコ経由でヨーロッパに伝わったホロホロチョウと混同したせいのようだ。七面鳥とトルコは関係なかったのかあ！

テュルク＝トルコの意味は、「力強い人」ということのようだ。

一方、トルクメニスタンは旧ソ連で、カスピ海の東にある。意味はテュルク族の国だから、トルコと同じだ。

日本人にとって「トルコ」は、昔から知っている比較的馴染《なじ》みがある国名。位置もわかる。それに対し「トルクメニスタン」は、わりと新しく知った国名で、位置もよくわからない。文字数も全然違うので、あんまり似ているというイメージはないかもしれない。が、意味は似ているどころか、ほぼ同じなのだった。

＊

「トルコ」の正体……テュルク族（強い人）
「トルクメニスタン」の正体……テュルク族の国 【245P】
親戚だから、似ている

ナイジェリア連邦共和国　Federal Republic of Nigeria
ニジェール共和国　Republic of Niger
アルジェリア民主人民共和国　People's Democratic Republic of Algeria

すべてアフリカの国だ。南でギニア湾に面するナイジェリアから、北に進むと内陸国のニジェール、サハラ砂漠地帯を介してさらに北のアルジェリア……へと地続きになっている。アルジェリアは北で地中海に面する。三か国の名前が似ているのではなく、二つずつが似ている。

まずは、ナイジェリアとニジェールの二国。ここは、カタカナを見る限りそんなに似ていない。しかし、アルファベットを見れば、よく似ている。

一九六〇年にイギリスから独立。Nigeria を英語読みにしたのが、ナイジェリア。

同じ年にフランスから独立。Nigerをフランス語読みにしたのが、ニジェール。

国名の由来は、両国を貫いて流れるニジェール川で共通している。この川は内陸国ニジェールを通って、ナイジェリアでギニア湾に注ぐ。では、ニジェールの意味は何かというと「大河」。

このパターンはよくある。ともに「山河大地国名」なのだが、似ているのでこの章に入れた。

そして、ナイジェリアとアルジェリアの二国。ここは下の「ジェリア」が同じで、上の「ナイ」と「アル」は、日本語的には偶然にも正反対の意味になっていて面白い。

つまり、
一九六〇年にイギリスから独立したのが、ナイジェリア。南はギニア湾に面している。

一九六二年にフランスから独立したのが、アルジェリア。北は地中海に面している。

アルジェリアから、地中海をさらに北にいけば宗主国フランスがある。アルジェリアの意味は「アルジェを都とする国」。たしかに、首都はアルジェだ。では、そのアルジェの意味は？　アラビア語で「島々」のことらしい。元々、地中海に面した四つの島の上に作られた都市なので「アル・ジャザイール（島々）」。アルは冠詞だ。これが単数だと「アル・ジャジーラ（島）」になる。

ん？　どこかで聞いた名前だ。そう、中東情報の報道で有名になったカタールのテレビ局の名前だ。

アルジェリアは国土の大半がサハラ砂漠なのに、意味でいうと「島々の国」というまるで島嶼《とうしょ》国家のようになってしまった。

＊

ナイジェリアとアルジェリアは、他人の空似

ナイジェリアとニジェールは実は似ているのだが、宗主国の違いで似て見えない

「アルジェリア」の正体……島々（元フランス領）

「ニジェール」の正体……ニジェール川（元フランス領）

「ナイジェリア」の正体……ニジェール川（元イギリス領）【222P】

ナウル共和国　Republic of Nauru

ニウエ　Niue

ともに、南太平洋にある島国だ。いずれも、面積の小ささ・人口の少なさランキングで、三、四位あたりに並ぶ小国。とはいえ、ナウルのほうは比較的知られているが、ニウエの知名度は低い。知らない国名だと「似ているなあ」と間違えようもないけれど。

ナウルは、パプアニューギニアの東にある。珊瑚礁《さんごしょう》の島だが、この島で有名なのはリン鉱石。長年の海鳥の糞《ふん》が堆積《たいせき》してできた。この資源を狙って、最初はドイツ領、やがてイギリス・オーストラリア・ニュージーランド三国による委任統治となり、第二次世界大戦中は日本も占領した。資源のおかげで豊かな島だった……のだが、二十世紀の終わりにリン鉱石を掘りつくしてしまうと、とたんに産業がなくなってしまった。

ナウルの意味は、ポリネシア語で「滝のような雨」という説が強い。

ニウエは、さらにずっと南に位置する。ニュージーランドの北東だ。世界最大級の珊瑚礁の島。

キャプテン・クックが発見した（ただし、現地人によって上陸を拒否された）。やがてニュージーランドの属領となり、一九七四年、独立。ニュージーランドとは自由連合の関係になる。しかし日本が国家承認したのは二〇一五年と、新しい。知名度が低いわけだ。

ニウは「ココヤシの木」。エは「見る、眺める」という意味。この島にやってきた人がココヤシを見て発した言葉だという。

＊

「ナウル」の正体……滝のような雨
「ニウエ」の正体……ココヤシの木を見る
境遇はよく似ているが、名前は他人の空似

パナマ共和国 Republic of Panama
パラオ共和国 Republic of Palau
バハマ国 Commonwealth of The Bahamas
ハイチ共和国 Republic of Haiti

パナマは中米大陸の国。スペイン領→コロンビアの一部。一九〇三年に独立した。先住民の言葉で「魚が多い所」という言葉が国名になったといわれる。

パラオは太平洋のミクロネシアにある。スペイン→ドイツ→日本→アメリカの信託統治領。一九九四年に独立した。意味は、マレー語で「島」。

バハマは中米・カリブ海の島嶼《とうしょ》国家。スペイン領→イギリス領。一九七三年に独立した。スペイン語の「バハ・マール（引き潮）」というのが国名になったといわれる。

ハイチは同じくカリブ海の島国。イスパニオラ島の西側三分の一だ（東側三分の二がドミニカ共和国）。スペイン領→フランス領。一八〇四年に独立した。先住民の言葉で「山の多い土地（ハイチ）」が国名になった。

もう一つ、国名ではないが、パナマにもバハマにもハイチにも近いキューバの首都が「ハバナ」なので、さらにややこしい。さらにさらに、強国に支配される中南米の小国を侮蔑《ぶべつ》的に「バナナ共和国（バナナリパブリック）」と呼んだりするので、もっとややこしい。

＊

「パナマ」の正体……魚が多い所。蝶《ちょう》の名前　【98Ｐ】
「パラオ」の正体……島　【61Ｐ】
「バハマ」の正体……引き潮　【48Ｐ】
「ハイチ」の正体……山の多い土地　【20Ｐ】
すべて他人の空似

パラグアイ共和国　Republic of Paraguay
ウルグアイ東方共和国　Oriental Republic of Uruguay

ともに南米大陸にある国。間にアルゼンチンの国土が入り込んでいるので、国境は接していない。インディオの言葉で「グアイ」は「川」。「パラ」は「大きい」で、「ウル」は「曲がりくねった」だ。

どっちの川も大河だし、最終的にアルゼンチンのラプラタ川に合流して大西洋に注ぐ。

＊

「パラグアイ」の正体……パラグアイ川（大きな川）【29P】
「ウルグアイ」の正体……ウルグアイ川（曲がりくねった川）【73P】
ラプラタ川（銀の川）一族の、親戚みたいなもの

リビア Libya
リベリア共和国 Republic of Liberia

ともにアフリカの国だ。

リビアは、地中海に面した国。このあたりは古くからいろんな文明の影響を受けてきたので、国名の由来も古い。ギリシャ神話の女神リビュアに由来するという。リビュアは海の神ポセイドンの妻。ギリシャから見て、海のかなたにある国というイメージからの命名だろう。なので、元々アフリカ全体をリビアと呼んでいたようだ。

第二次世界大戦後イタリアの植民地から独立してからの国名の変遷《へんせん》が、国情の不安定さを物語っている。「リビア連合王国」→「リビア王国」→「リビア・アラブ共和国」（カダフィによるクーデター）→「社会主義リビア・アラブ・ジャマーヒリーヤ国」（ジャマーヒリーヤは「大衆による

共同体制」という意味の造語）→「リビア」。

一方、リベリアはアフリカ大陸の西岸。一八四七年にアフリカ最初の共和国として独立しているから、とても早い。それもそのはず、大西洋の向こうのアメリカ合衆国で解放された奴隷たちがアフリカに入植して建国したからだ。なので、ラテン語の「リベル（自由）」から国名がつけられた。国旗もアメリカに似ている。首都モンロビアは、アメリカ第五代大統領モンローから名付けられた。国旗もアメリカ

リビアとは対照的に、こっちの命名由来は国名首都名とも、たいへん新しい。

だが立派な建国由来のわりに、クーデターや内戦が続き、国情は不安定。経済も疲弊《ひへい》している。

＊

「リビア」の正体……ギリシャ神話の女神リビュア

「リベリア」の正体……自由

国情の不安定さは似ているが、他人の空似

地名接尾辞というものがある。アフガニスタン、ウズベキスタン、カザフスタン、トルクメニスタン……などの「〜スタン」。これがつくと、ペルシャ語圏で「〜の地方、〜の国」という意味になる。同じ意味は、ラテン語で「〜イア」。イタリア、リベリア、ルーマニア、オーストラリア……など。日本語カタカナにすると気づきにくいが、ギリシャもそうだ。

こういうのはどれも似ているが、わざわざこの章ではとりあげなかった。

この章では、アフリカで「昔は大きな地域の名前だったのが、細分化して独立したので似た国名になった」というケースが多いのに気づく。コンゴ、ギニア、スーダンなどだ。命名するヨーロッパ側からは、その場所にさして知識がないので、ザックリ大きな地域を一つの名前で呼ぶ。やがて接触機会が増え、知識が増えてくると、「あのへんは乱暴に一括《ひとくく》りにできない。地域差・民族の違いがあるんだな」と気づく。とはいえ、そんなことは無視して列強の植民地という区切りで分断してしまう。するとその後の独立時に、元の民族や地域を由来とした、似たような名前の国が立ち上がるわけだ。

……さて、日本は？

にほん、にっぽん、ジャパン、ハポン……それぞれに似た音の国は、世界にはない。いや、日本人から見ればないと思うのだが、外国人がどう思っているかはわからない。英語圏だとJapanとJamaicaは似ていると感じるのだろうか？

外国人（おもに欧米やアフリカなど）から見れば、国名以外の国民の外見や文化では、日本も韓国も中国も見分けにくいだろう。「ええと、ジャパンは島のほうだっけ？　半島のほうだっけ？」という人だっているかもしれない。いや、人のことは笑えない。なにしろ我々だって、アンゴラとアンドラ、パラグアイとウルグアイ、パナマとパラオとバハマとハイチとハバナとバナナの違いが咄嗟《とっさ》にわからないんだから（バナナだけはわかるが）。

第七章

王国と公国と

ATLANTIC
WESTERN OCEAN
SOUTH AMERICA
AFRICA
ÆTHIOPIC
OCEAN
EASTERN HEMISPHERE OR THE OLD
SELENOGRAPHY OR A MAP OF THE MOON
The VICISSITUDE of

「王国」という響きには、どうも童話とかファンタジーの趣《おもむ》きがある。豪華な宮殿で、ピカピカの王冠を被ってマントを羽織った王様が玉座に座っている。気品あるお妃《きさき》がいて、美男の王子と美しい王女がいる。夜ごと繰り広げられる舞踏会。ずらりと並んでかしずく臣下たち。その中には、一見忠実な臣下のように見えて実は悪い大臣もいるに違いない。ひょっとしたら、王国の森の中には魔法使いもいるのではないか？　魔法によって長い年月眠らされたままのお姫様も、いるかもしれない。

あるいは、どこか南の国やジャングルの島の王国。奇怪な民族衣装をまとった王様がいて、呪術師もいる。外の文明国からやってきた人々は捕まえられ、柱にくくりつけて火あぶりにされる。……こっちのほうは、なんだか安っぽい冒険活劇映画みたいな想像で申し訳ない。

普段はあまり意識しないが、正式国名で「～王国（Kingdom）」を名乗る国々はいくつかある。たまに、海外の王室のニュースも見るしなあ。あの王様たちは、その国を「支配」しているのだろうか？　「～王国」ではなく「～公国（Principality）」というのもある。公って何だ？

そういった国名を、地域ごとにまとめてみた。

【ヨーロッパ】ヨーロッパの王国は七つある。公国はすべてヨーロッパにある。

イギリス（グレートブリテン及び北アイルランド連合王国）

United Kingdom of Great Britain and Northern Ireland

有名な、イギリスの正式名だ。とはいえ、外務省のHPでは、「英国（グレートブリテン及び北アイルランド連合王国）」と表記されている。英国は漢字表記「英吉利」の略だが、一貫してこの書き方。イギリスという言葉は出てこない。

ちなみに、同じパターンだと思われるアメリカは「米国」ではなく、「アメリカ合衆国」という表記。

イギリスに対してのみ、なにか配慮があるのだろうか？

本書では、イギリスと表記する。この複雑で長い国名には、いろんな要素が含まれている。一つ一つ解きほぐしていこう。

①まず「グレートブリテン」とは何だ？

ヨーロッパ大陸の西に浮かんでいる大ブリテン島のことだ。「じゃあ、小ブリテンはどこにあるのか？」というと、対岸のフランスにある「ブルターニュ半島」のこと。島じゃないのか！ブリトン人が住む地域という意味で、アッチとかコッチとか言っているだけだ。

このグレートを「偉大なる」だと思うから「大英帝国」とか「大英博物館」などと訳してしまったが、元々単に、小に対する大、近くに対する遠く、だったようだ。

②では、「連合王国」とは何だ？

このグレートブリテン島内には三つの国があった。「イングランド王国」「ウェールズ公国」「スコットランド王国」だ。十三世紀、ウェールズはイングランドの支配下におかれた（以来、イギリス王室の皇太子は代々「プリンス・オブ・ウェールズ」を名乗ることになる。なるほど、あれは征服地への融和策から始まったのか）。

これで島内には「イングランド王国」と「スコットランド王国」の二国がある状態。同じ島内で国境を接しているのだ。当然、王家同士で婚姻《こんいん》関係を結び、お互いの武力攻撃を牽制《けんせい》しあう。いつの時代、どこの国でもあることだ。

十七世紀はじめ、イングランド王国のエリザベス一世の崩御《ほうぎょ》で、スコットランドの国王ジェームズ六世がイングランドの国王を兼ねることになる（イングランドではジェームズ一世を名乗る。同じ人間なのにそれぞれの国で名前が違う。ややこしい！）。ここから両国は、同じ王様を戴くけど国は別という「同君連合」になる。

そして百年。十八世紀のはじめに一緒になり「グレートブリテン王国」となる。この時はじめて、あの島内が一つの国になったのだ。日本では徳川《とくがわ》五代将軍・綱吉《つなよし》の頃だから、島内がまとまったのは意外に新しい。

③そして「及び北アイルランド」とは何だ？

グレートブリテン島の西にはアイルランド島がある。当然、別々の国だ。グレートブリテン王国と、アイルランド王国。しかしアイルランド側から見れば、すぐ隣に三倍近く大きい島の強国がある地勢というのはつらい。アイルランドはずっとグレートブリテンに実効支配されてきた。

グレートブリテン王国が成立してからさらに百年。十九世紀はじめにアイルランドは丸ごと統合され、「グレートブリテン及びアイルランド連合王国」となった。がもちろん、統合された側が嬉しいはずはない。以来、分離独立運動がおこる。一九二二年にアイルランド島の六分の五が、アイルランド共和国として独立。北部の六分の一が、北アイルランドとしてグレートブリテン側に残った。これでようやく現在の「グレートブリテン及び北アイルランド連合王国」となるのだ。

しかし二十世紀後半には南北アイルランドの統一を掲げる北アイルランド紛争がおこり、二十一世紀になってからはスコットランド独立の住民投票が行われたりもしている。「連合王国」という特殊な国名は、傍目《はため》にもなかなか大変そうだとわかる。


ちなみに、サッカーもラグビーも、イングランドで始まった。最初は連合王国内部で対抗戦を行うしかない。他国とはレベルの差もあったろう。その名残《なごり》というか、発祥地の先行利得というか、現在もFIFAのサッカー国際試合にイギリス代表というものはなく、「イングランド代表」「ウェールズ代表」「スコットランド代表」「北アイルランド代表」の四つが認められている。当たり前だが、別の国であるから「アイルランド代表」も存在する。

ところがラグビーは、「イングランド代表」「ウェールズ代表」「スコットランド代表」そして、こっちは北アイルランドとアイルランドが一緒になった「アイルランド代表」なのだ。理由は、アイルランドが南北に分かれる前からアイルランドラグビー協会があったから（一八七九年）という。なるほど。

しかし、アイルランドサッカー協会だって南北分離前からあった（一八八〇年）のだ。が、こっちは別組織に分離して別チームになっている。ラグビーとサッカーはルールが違うからいいじゃないか……ということなのか？

④あれ、「イギリス」はどこにある？

以上のことがわかって、あらためて国名を見てみると、「グレートブリテン及び北アイルランド連合王国」の中に「イギリス」という言葉はない。あれはどこから来たのか？

元々、アングル人の国という意味で「イングランド」となり、それをポルトガル人が「イングルス」と読み、さらにそれを日本人が聞いて「イギリス」となったようだ。だから国際的には「イギリス」は通じない。普通は「UK（連合王国）」になる。

「俺（俺のご先祖）が作った、俺の国だ。俺様が何をしようと勝手だ！」

と王様・王族がなんでも好き勝手に行う「絶対王政」の時代から、

「いや、過去の歴史から王様には敬意を払いますけど、国はあなたの持ち物ではない」

と王様だって憲法に従う「立憲君主制」を最初に確立したのは、十七世紀のイギリスだ。以来、「〜王国」はこのパターンが主流になっていく。民主主義というやつだ。もちろん、王様側には、（それじゃ、うま味がないじゃないか）

という本音はあるのだろうが。

＊

「イギリス（グレートブリテン及び北アイルランド連合王国）」の正体……「アングル人の国」のポルトガル語読み「イングルス」から「イギリス」。イングランド、ウェールズ、スコットランド、北アイルランドからなる連合王国。現国王の家系は、一九一〇年即位のジョージ五世からのウィンザー家【83P、228P】

オランダ王国　Kingdom of the Netherlands

オランダは、十六世紀末の独立以来、ずっとオラニエ・ナッサウ家が統治してきた。途中一時、ナポレオンのボナパルト家によるホラント王国になったが、数年でまた元の王家に戻った。

立憲君主制。

＊

「オランダ王国」の正体……現国王の家系は、一八一五年即位のウィレム一世からのオラニエ・ナッサウ家【37P】

ベルギー王国　Kingdom of Belgium

そのオランダ（旧ネーデルラント連合王国）から分かれ、一八三〇年に独立したのがベルギー。初代国王は、元々ドイツのザクセン＝コーブルク＝ゴータ家からやってきたレオポルド一世。しかし、第一次世界大戦後、「敵国であるドイツの家系を名乗るのはいかがなものか?」という理由で、ベルギーという国名からベルジック家と名乗ることにした。

王家の名というのは由緒あることを拠《よ》り所にしていると思っていたが、わりと柔軟に変えてもいいようだ。

立憲君主制。

＊

「ベルギー王国」の正体……現国王の家系は、一九二〇年に改名したベルジック家【38P】

ルクセンブルク大公国 Grand Duchy of Luxembourg

オランダ・ベルギー・ルクセンブルクは「ベネルクス三国」と呼ばれ、たしかに旧ネーデルラント王国として一緒だった。だからルクセンブルクも王国かと思っていたら、違った。大公国。王国でも公国でもなく、「大公国(Grand Duchy)」なのだ。

君主の格付けでいうと、王∨大公∨公……になるようだ。小領主の王につける君主号で、有体《ありてい》に言ってしまえば、王を名乗れなかった王という感じだろうか? 現在「大公国」を名乗っているのは、この国だけ。

「～ブルク」というのは、「城壁で囲まれた都市」という意味のドイツ語の地名接尾辞だ。都市の名前としてはハンブルク、ザルツブルク……などたくさんある。中世の高地ドイツ語「lutzel」(小さい)が元になって、ルクセンブルクは「小さな城郭都市」。もうこの名前だけで、小さな国だな、ドイツに近いな、ということがわかる。

元々、その名のとおりルクセンブルク家が治めていた。が、一八九〇年の独立の時、オランダ王家ナッサウ家から分家を迎えて、大公とした。やがてここも、家名をリュクサンブール家（ルクセンブルク家）と変える。

立憲君主制。

＊

「ルクセンブルク大公国」の正体……小さな城郭都市。現大公の家系は、一八九〇年からのリュクサンブール家

デンマーク王国　Kingdom of Denmark

デーン人の土地で、デンマークだ。デーンの意味は「低い」だともいうが、よくわからない。デーン人というのは積極的に外に出ていく民族で、一時は現在のノルウェー、スウェーデン、イングランドなどにも進出した。なるほど、遠く離れたアイスランドやグリーンランドに縁があるわけだ（グリーンランドは現在もデンマーク領）。

デンマーク王家は古く、家系をたどれば十世紀頃に遡《さかのぼ》るようだ。なので、のちのヨーロッパ各国に縁戚関係があり、デンマークはもちろん、ノルウェー、スペイン、イギリスの王家もこの家系につながってしまう。一八六三年に即位した、リュクスボー家初代のクリスチャン九世の子供からは、「デンマーク国王」「イギリス国王妃（ということは、次のイギリス国王が孫）」「ギリシャ

国王」「ロシア皇帝妃（ということは、次のロシア皇帝が孫）」が生まれた。ゆえにクリスチャン九世は、ヨーロッパの義父と呼ばれる。

立憲君主制。

＊

「デンマーク王国」の正体……デーン人の国。現国王の家系は、一八六三年からのリュクスボー家

スウェーデン王国 Kingdom of Sweden

現地ではスベリエと呼ぶ。それが英語化してスウェーデンとなった。意味は、スベリ族の国ということ。

一五二三年、デンマークから独立した。以来、王家はさまざまな王朝が交代してきたが、十九世紀初頭のカール十三世には世継ぎがいなかった。さて、どうする？

当時ヨーロッパに君臨していたのは、かのナポレオン。そこで、彼のライバルとも目《もく》された配下の将軍ベルナドットを招いて、王位継承者にした。たしかにフランスの元帥《げんすい》で、ポンテコルヴォ大公になっていたとはいえ、元々は一兵卒から始まった平民だ。当然、スウェーデンとは何の関係もない。それでも能力を買って、スウェーデンに招いてカール十三世の養子にしてしまったのだ。

王国というものはなによりも血統を大事にすると思っていたが、いざとなればそんなこと関係

ないというわけか。王国経営、なかなかしたたかだ。すると、王位継承者となった彼は一転してナポレオンを撃退し、デンマークからノルウェーを獲得してしまうのだ。そして、カール十四世ヨハン国王となる。以降、この家系が国王となっている。

立憲君主制。

＊

「スウェーデン王国」の正体……スベリ族の国。現国王の家系は、一八一八年からのベルナドッテ家

ノルウェー王国　Kingdom of Norway

そのスウェーデンによって支配下に置かれたのが、一八一四年。以降、スウェーデンとノルウェーは同君連合となる。が、ようやく一九〇五年に独立。この時デンマーク王家から王子を招いて、ノルウェー国王ホーコン七世とした。

ところでこの新国王は、実はあのヨーロッパの義父・デンマーク王クリスチャン九世の孫にあたるのだ。

立憲君主制。

＊

「ノルウェー王国」の正体……現国王の家系は、グリュックスブルク家。これがデンマーク語だと、リュクスボー家となる【82P】

スペイン王国 Kingdom of Spain

外務省のHPは、国名一覧では「スペイン」だが、クリックして詳細を見ると「スペイン王国」という表示になる。「オランダ王国」や「スウェーデン王国」などでは一覧も詳細も同じなのに。なにかスペインに配慮があるのだろうか？

ここは場所柄、北アフリカからのイスラム勢力と西ヨーロッパ勢力との攻防が、長年繰り返されてきた。かのナポレオンなど「ピレネー山脈（フランス・スペイン国境）から南はアフリカ」と、ずいぶん乱暴なことを言っている。

そのナポレオンの兄ジョゼフがスペイン王ホセ一世となったことに反発してスペイン独立戦争がおこった。以降、前国王が復位→第一共和制→王政復古→第二共和制→スペイン内戦→フランコ総裁独裁→王政復古……と何度も体制が入れ替わっている。

実は、フランコ独裁時代もスペインは王制だった。ただし国王が空位の王国。フランコは終身元首となって、後継者の指名権を手に入れた。つまり王国の終身摂政《せっしょう》だ。そして若い王子を選んで帝王教育を施《ほどこ》し、彼の死とともに王政復古となった。

議会君主制。

＊

「スペイン王国」の正体……現国王の家系は、フランコ独裁後王制に復古した一九七五年からのボルボン家【95P】

アンドラ公国　Principality of Andorra

そのスペインとフランスの国境に挟まれ、ピレネー山脈の中にある小さな国だ。小ささといい、名前といい、ヨーロッパに古くから残る公爵の国だな……と思ったら、独立したのは一九九三年。とても新しい国だった。

中世アラビア語の「アルダーラ（木が茂る場所）」が語源だという説がある。ということは、イスラムだ。それをキリスト教側に奪還（レコンキスタ）したのは、フランク王国（フランスの母体）のカール大帝というから、ずいぶん古い（九世紀）。カール大帝は、この地の領有権をスペインのウルヘル司教に渡した。「お前にあげるから、この地を守れよ」ということだろう。

ところがイスラム勢力が撤退してしまうと、この境目にある領地はフランス側につくかスペイン側につくかでもめることになる。共通の敵がなくなると、たいていこうなるものだ。

結局、フランスとスペイン・ウルヘル司教の「共同統治」という妥協《だきょう》策で落ち着く。フランスもスペインも、その後何度も支配体制が変わるが、両国狭間の山中という立地のため、あいまいな立場を維持し続けて約七百年！

正式に独立したのが一九九三年。現在もフランス大統領とスペイン・ウルヘル司教が「大公」という立場で共同元首になっている。

王様になりそこねたアンドラ公爵……なる人物が治めた国ではなかったのか。しかし、それだったら、なぜアンドラ大公国じゃないんだろう？

共同元首を擁《よう》する議会制。

＊
「アンドラ公国」の正体……木が茂る場所。フランス大統領とスペイン・ウルヘル司教が共同元首で、大公となっている【130P】

モナコ公国 Principality of Monaco

おそらく、一番有名な「公国」はここだろう。F1グランプリとカジノとリゾートのモンテカルロ地区で知られている。

さすが地中海らしく早くから開け、紀元前六世紀からギリシャの支配下になった。この港町にはヘラクレスを祀《まつ》る神殿が建てられ、隠者が多く住んだ。そこで「ヘリクリス・モノエキ・ポルトス（ヘラクレス隠者の港）」と呼ばれた。この「モノエキ」が転じて「モナコ」となったという。

十三世紀にイタリアからグリマルディ家がやってきて、この地の支配者になった。以来、この家系が領主をつとめる。十八世紀にはフランス領となっていたが、一八六一年にミニ国家として独立した。以上の経緯から、イタリアとフランスの境目にある港湾都市国家ということが、なんとなくわかる。

独立時のシャルル三世はモナコ大公と呼ばれた。その家系からやがてレーニエ三世が誕生し、その妃《きさき》がアメリカ女優のグレース・ケリーなのだ。

ここも、君主は「大公」なのに、日本での国名は「公国」となっている。タックス・ヘイブンを導入しているので、国民には所得税がない。うらやましい！

立憲君主制。

＊

「モナコ公国」の正体……隠者の港。現大公の家系は、グリマルディ家

リヒテンシュタイン公国　Principality of Liechtenstein

ドイツ語で「輝ける石」という意味のリヒテンシュタイン家は、元々オーストリアのウィーン近郊にあった。十四世紀からハプスブルク家の重臣となり、東欧各地に領地を持つ。経済的には何の問題もなかったが、「ああ、小さいながらも自分の国を持ってみたいものだ」と思っていた。そこへちょうど、金に困った伯爵から、現在のリヒテンシュタインにあるファドゥーツ城とその一帯を手に入れた。そして、リヒテンシュタイン公国を名乗る。念願の、一国一城の主《あるじ》となったのだ。

場所はオーストリアとスイスに挟まれた山の中。ドイツには接していないことが幸いした。ドイツ帝国にとっては飛び地となってしまうので、合併されなかったのだ。一八六六年に独立。オーストリア、ドイツ、フランスという近隣大国の間で生き延びるため、さっさと永世中立国宣言をしている。

小さなミニ国家だが、当主のリヒテンシュタイン公は各国に持つ所有資産が膨大《ぼうだい》にある。元首が、国の経済に寄りかかっていないのだ。いや逆に、国のほうが公爵に寄りかかっている。第二次世界大戦後、国の経済が傾いた時はリヒテンシュタイン家が持つダ・ヴィンチの絵を売ってお

金を作ったりしているのだから。

その後、タックス・ヘイブンを導入することで、この小国には多国籍企業のペーパーカンパニーが多く置かれ、そこからの法人税だけで国庫の四〇パーセントをまかなえてしまうようになった。なのでここも、国民には納税義務がない。うらやましい！

立憲君主制。……ではあるが、前記のような経緯から、君主の権限が強いようだ。

＊

「リヒテンシュタイン公国」の正体……輝ける石。君主は、ずっとリヒテンシュタイン公爵家

バチカン市国 Vatican City State

子供の頃「世界一小さい国は？」というクイズの豆知識で、「バチカン市国」を憶《おぼ》えた人も多いだろう。「王国」ではない。「公国」でも「大公国」でもない。「市国」って何だ？

バチカンは、イタリアの首都ローマ市の中にある。バチカン市というよりバチカン地区と言ったほうが実態に合っている。国の中の市の中に、市を名乗る別の国があるという入れ子状態。なんでこういうことになったのか？

まず、バチカンの意味は、「神託《しんたく》」とか「預言」。古代エトルリア人がこの地で礼拝や占いを行っていたのを見た古代ローマ人が、バチキニウス（神託、預言）の丘と呼んだことから、その名がついたとされる。やがて、キリストの弟子ペテロがこの地に埋葬されてから、聖地になった。のちにサンピエトロ（つまり、聖ペテロ）大聖堂が建てられ、カトリックの総本山となる。

ここにいるローマ法王（教皇）は、ヨーロッパ各地に広大な教皇領（国家）を持つようになる。十世紀に成立した神聖ローマ帝国（現在のドイツ、オーストリア、チェコ、イタリア北部）など、有名だ。近代に入って、イタリアが一つにまとまる時、バチカンもその中に含まれ、教皇領は消滅した。もちろん、ローマ法王は文句を言い、自らを「バチカンの虜囚《りょしゅう》」と呼んで、引きこもっていた。

政治と宗教というのは互いの権力構造がぶつかり合うので、完全に一致する時以外は、激しく対立するものだ。イタリア政府とローマ法王は、半世紀にわたって対立を続けていた。やがてイタリアを牛耳《ぎゅうじ》った独裁者ムッソリーニが、一九二九年になって、

「じゃあ、バチカン周辺を領域にするミニ国家を作ったら？」

と知恵を出し、入れ子状態の「バチカン市国」ができた。そうか、カトリックの歴史は十分に古いが、バチカン市国という不思議な形態はかなり新しい妥協《だきょう》の産物なのか。まだ百年にもならない。

国土は狭いが、世界のカトリック信者約十億人が潜在的国民ともいえる。

元首はローマ法王。

＊

「バチカン市国」の正体……神託の丘。イタリアのローマ市の中にあるバチカン地区。世界のカトリックの総本山

【アフリカ】アフリカの王国は三つある。

モロッコ王国　Kingdom of Morocco

アフリカ大陸の北西にあって、スペインと向かい合っている。映画で有名なカサブランカという街がある国だ。そうか、あそこは王国だったのか。もう一つ、マラケシュという街の名前も聞いたことがある。その名前が、モロッコという国名の元のようだ。モロッコは、英語表記だと「Morocco」だが、フランス語表記だと「Maroc」。たしかに、マラケシュ（Marrakech）に近い。マラケシュの意味は、「要塞《ようさい》」。

アラビア語では「アル＝マムルカ・アル＝マグリビーヤ（通称アル・マグリブ）」で、それを短縮したものが国名だともいわれる。マグリブの意味は「日が没する地」「西」だ。なるほど、北アフリカの西の端だもんなあ。

一九五六年、フランスから独立してモロッコ王国となった。王家は、十七世紀から続くアラウィー家。かつてはスルタンを名乗っていたが、独立にあたってキングを名乗るようになった。立憲君主制。

しかしモロッコの一番西端にある旧スペイン領サハラ地域は、一九七六年からサハラ・アラブ民主共和国を名乗っているのだ。国連には加盟していないが、世界の七十〜八十か国が承認している。現実には、モロッコが実効支配しているのだが。

日本は国家として承認していないが、モロッコによる支配も認めていない。なので、この地域は西サハラと呼び、地図の上では白くなっている。

＊

「モロッコ王国」の正体……要塞。西。現国王の家系は、十七世紀から続くアラウィー家

レソト王国　Kingdom of Lesotho

南アフリカ共和国の中には、離れ小島のように二つの国がある。両方が王国だ。まず、レソト。ぐるっと南アに囲まれていて、全土が山岳地帯にある。ソト語を話す人の国、という意味で「レ・ソト」。一九六六年、イギリスから独立した。独立以前から、王家はずっとセーイソ家。

立憲君主制。

＊

「レソト王国」の正体……ソト語を話す人の国。現国王の家系は、セーイソ家

エスワティニ王国　Kingdom of Eswatini

もう一つの離れ小島国家だ。こっちは、北・西・南が南アに囲まれ、東はモザンビークに接している。かつての国名「スワジランド」といえば、聞いたことがあると思う。

場所柄、ほぼレソトと同じ経緯をたどって、一九六八年イギリスから独立した。意味は「スワジ族の国」。しかし、「スワジ」のほうは現地の言葉だからいいが、「ランド」のほうは英語だか

ら、なんだか釈然としない……と、ずっと思っていたようだ。二〇一八年、国王ムスワティ三世が、「この国の名前を元に戻す！」と宣言し、現地語の「エスワティニ」に改名した。意味は同じだ。

独立以前からの王様（ソブーザ二世）は、生後四ヶ月で王になって以来八十年もの間、国王だった（当然、摂政《せっしょう》時代を含む）。その王子がムスワティ三世となって、放蕩三昧《ほうとうざんまい》でも有名。在位三十六年にして「改名する！」となったのだ。

以上の経緯からもわかるように、絶対君主制の色彩が強い。日本の資料では、単に「王制」と表記されている。

＊

「エスワティニ王国」の正体……スワジ族の国。現国王の家系は、ドラミニ家。王権の強さのわりに、日本人的には可愛い名称だ

【中東】

中東の王国は三つある。王国ではないが、似たような君主国もある。

サウジアラビア王国　Kingdom of Saudi Arabia

この国名は、「サウド家のアラビア」だ。サウド家というのは何だろう？　元々、アラビア半島の中部の支配者だった。第一次サウド王国（一七四四年）あたりから、王家になっていくようだ。なにせ場所が中東だ。アラブとオスマンと、石油利権を狙うヨーロッパとが入り乱れて、その

後何度も攻略したりされたりを繰り返す。一九三二年に「サウジアラビア」が建国されてから安定した政権になり、現在の我々が知る国になる。

絶対君主制。日本の資料では「君主制」とだけ表記されている。

＊

「サウジアラビア王国」の正体……サウド家のアラビア。現国王の家系は、当然ながらサウド家【124P】

ヨルダン・ハシェミット王国　Hashemite Kingdom of Jordan

ハシェミットは王家の名前で、先祖はムハンマド（マホメット）だといわれる。聖地メッカとメジナを含むヒジャズ王国を作るものの、前項のサウド家によって追い出される。

一九四六年に独立（トランスヨルダン王国）、三年後ヨルダン・ハシェミット王国に改名した。

立憲君主制。

＊

「ヨルダン・ハシェミット王国」の正体……現国王の家系は、当然のことながらハシェミット家【25P、123P】

バーレーン王国　Kingdom of Bahrain

この国は、一九七一年にイギリスから独立した時は、単に「バーレーン国」だった。当時、君主の称号は王（マリク）ではなく、首長（アミール）だったのだ。絶対君主制だったが、二〇〇二年に王政に変更して、現在のバーレーン王国となった。

庶民としては、君主号が首長だろうと王だろうと大公だろうと、大王、皇帝……なんだって同じようなものじゃないか、とも思う。実際、国際儀礼上は対等だとされている。が、それぞれの呼び名には文化的歴史的な経緯があるので、当人たちにはこだわりがあるのだろう。

立憲君主制。

＊

「バーレーン王国」の正体……現国王の家系は、ハリーファ家　【51P】

アラブ首長国連邦　United Arab Emirates

こっちは、現在も首長のままだ。王国ではない。七つの首長国による連邦制。サッカーの国際大会では、UAEという略称でお馴染《なじ》みだ。

UAEのEは、「エミレーツ（emirates）」。前項で出てきた「アミール（amir）」の英語表記だ。そういえばUAEには「エミレーツ航空」という航空会社があるが、あれも同じ「首長」だ。

首長というのは、ごくごく乱暴に理解すると、地域の王様だろう。複数の首長を束ねて、その上に別格の王様が君臨すれば「王国」なんだろう。が、この国はそうしなかった。七つの地域的な小国（首長国）たちが連邦制をとることで、一九七一年イギリスの保護下から独立した（独立時は六首長国）。

それぞれの首長国は、世襲による絶対君主制。その連邦制ではあるが、ＵＡＥの連邦政府としての権限は小さいようだ。

アラブの意味は、「砂の民」とか「遊牧を行う人」。

＊

「アラブ首長国連邦」の正体……アラブ民族の七つの首長国による連邦。それぞれの首長は世襲

【226P】

オマーン国　Sultanate of Oman

日本語だけで見るとわからないが、英語表記をそのまま訳すと、オマーン・スルタン国となっている。スルタン？　なんだかアラビアンナイトの世界に出てくるような言葉だ。そう、これはイスラム世界の王様の君主号なのだ。だから、オマーン王国あるいはオマーン首長国と意訳しても問題なさそうだ。いやむしろ、日本語ではそのまま「オマーン・スルタン国」と表記したほうが、場所も統治形態もわかっていいと思うのだが、どうだろう？　一九七一年に、イギリスから独立した。

イギリスの保護国となっていた当時のスルタンであるタイムールは、退位後日本に来て、神戸で知り合った女性と一九三六年に結婚した。その後しばらく日本に住み、娘をもうけている。妻が病死したため、一九四〇年に娘を連れて帰国。彼女は第一夫人の元でブサイナ王女として育てられた。彼女の異母兄弟の家系が、現在のスルタン（王様）となっている。

オマーンの意味は「滞在地」。遊牧民のオアシスとなる場所、ということだろう。
絶対君主制。

＊

「オマーン国」の正体……滞在地。現スルタンの家系は、十八世紀から続くブーサイード家

【アジア】アジアの王国は三つある。

タイ王国 Kingdom of Thailand

タイは、仏教国だし、水田の国だし、日本人には馴染《なじ》みのある国だろう。かつては「シャム」と言った。アユタヤ日本人町、山田長政、シャム猫……などという言葉も思い出し、これまた昔から馴染みのある国名だ。

一九三九年、国名はシャムからタイに変わった。タイは、タイ族の意味。元々は、中国の「大」から来ているともいわれ、「自由人」の意味だとされている。第二次世界大戦後の一九四五年いったんシャムに戻り、一九四九年再びタイになって、今に続いている。

正式名はタイ王国だ。

立憲君主制。……ではあるが、過去に何度も軍事クーデターがおこる国。しかし、在位七十年にも及んだ前ラーマ九世（プミポン国王）の人気は絶大で、その言葉で事態が鎮静化するということを繰り返してきた。二〇一四年のクーデター以降、軍事政権。二〇一七年の新憲法では、国

王（ラーマ十世）の権限が強化されている。

＊

「タイ王国」の正体……タイ族（自由人）の国。現国王の家系は、十八世紀のラーマ一世から続くチャクリー家

カンボジア王国　Kingdom of Cambodia

カンボジアもまた、比較的日本人に馴染《なじ》みがある。カボチャの語源だ（もっとも、この野菜の原産地はアメリカ大陸だけど）。アンコール・ワットでも有名だ。国旗にもアンコール・ワットが描かれている。

現地ではカンプチアという。意味は、インドからやってきたカンプという高僧が建国者だという伝説があるからだ。

一九五三年にフランスから独立したものの、東隣がベトナム。資本主義と共産主義とが激突するベトナム戦争の場となっていたから、影響を受けないわけがない。カンボジアは独立後、めまぐるしく政治体制が変わる。

カンボジア王国（シハヌーク殿下）→ロン・ノル共和制→ポル・ポト共産党独裁（クメール・ルージュ）→ヘン・サムリン政権（内戦の時代）→カンボジア王国（シハヌーク国王）

二度にわたって国王をつとめたシハヌークの王子シハモニが二〇〇四年に国王となった。立憲君主制。

＊

「カンボジア王国」の正体……高僧カンプの名前。現国王の家系は、ノロドム家

ブータン王国　Kingdom of Bhutan

近年「幸せの国」というキャッチフレーズで、急に日本人にとって馴染《なじ》みのある国になった。チベットの端、という意味だ。自分たちでは「龍の国（ドゥルックユル）」と呼んでいる。なので、国王は「龍王（ドゥルックギャルポ）」だ。国旗にも龍の絵が描かれている。

一九〇七年にブータン王国の基礎を確立。この時の初代国王ウゲン・ワンチュクの家系が、現在も続いている。

立憲君主制。

＊

「ブータン王国」の正体……チベットの端。現国王の家系は、ワンチュク家　【89P】

【太平洋】　太平洋オセアニアで王国は一つだけ。

トンガ王国　Kingdom of Tonga

トンガは、ポリネシア語で「南」という意味。サモアの南だ。

一八四五年にトンガを統一したジョージ・ツポウ一世はイギリス人宣教師の助言を受けて一八

七五年に憲法を制定している。日本の大日本国憲法（一八八九年）より、早い！
イギリスの保護領から完全に独立したのは一九七〇年。
立憲君主制。

＊

「トンガ王国」の正体……（サモアの）南。現国王の家系は、建国以来のツポウ家【79P】

【独立国】国を名乗るからには、独立しているに決まっている。なのに、わざわざ国名に「独立国」とつける国が二つある。どちらも君主国だが、国名でそれは謳《うた》っていない。

サモア独立国　Independent State of Samoa

南太平洋の島国だ。当然、前項トンガの北にある。

十九世紀末、サモア諸島は西洋人によって勝手に分割され、西経百七十一度より東側の島々がアメリカ領、西側がドイツ領となった。

第一次世界大戦後、西側はニュージーランド統治になる。そりゃラグビーが強いわけだ。そして第二次世界大戦後の一九六二年、独立したのだ。二つの大きな島と七つの小さな島からなる。

実はその時の国名は「西サモア」だった。が、一九九七年、国名を「サモア独立国」に変更した。

なぜなら、サモア諸島のうち東側の島々は、依然として今もアメリカ領サモアだからだ。

わざわざ国名に「独立国」を入れたくなる気持ちは、わかる。

サモアはポリネシア語で、創造神タンガロアの息子モア神の地、つまり聖地という意味だ。

国家元首の称号は、王でも公でも首長でもなく「オ・レ・アオ・オ・レ・マーロー（O le Ao o le Mālō）」。意味は「王国のトップ」というようなもの。要するに国王だが、日本語では「殿下」と訳している。世襲ではなく選挙で選ばれる。ただし、その資格があるのは四つの家柄の首長（マタイ）で、ここは世襲だ。

＊

「サモア独立国」の正体……モア神の地（聖地）で、独立したほう。現殿下は、トゥイマレアリイファノ・ヴァアレトア・スアラウヴィ二世

パプアニューギニア独立国 Independent State of Papua New Guinea

オーストラリアの北部にある、世界で二番目の面積を持つ大きな島だ。

まずやってきたポルトガル人が、この島をパプアと名付けた。パプアは、マレー語で「ちぢれ毛」という意味。島に住んでいた人たちの形容だ。次にやってきたスペイン人がニューギニアと名付けた。先住民も気候も、遠く離れたアフリカの西端にあるギニアに似ているからという理由。新ギニアだ。

以来、この大きな島はオランダ、ドイツ、イギリスの争奪戦になる。結局、西半分が「オランダ領ニューギニア」になった。東半分は北と南に分割され、北がドイツ領で「ニューギニア」、南がイギリス領で「パプア」になった。もちろん、勝手に分割されたわけだが。

第二次世界大戦後、東側は南北が一緒になってオーストラリア委任統治領となった。西側はオランダから「西パプア」として独立しようとしたが、一九六三年インドネシアに併合される。東側は、それから約十年後の一九七五年にようやく独立した。それが、「パプアニューギニア独立国」。これまた、わざわざ国名に「独立国」を入れたくなる気持ちは、わかる。

以上の経緯から、英連邦王国の一員である立憲君主国。なので、この国の国王はイギリス国王（あるいは女王）となる。実際には、選挙で選ばれた現地の総督が行っているが。

ちなみに、西半分のパプアはインドネシアからの独立をめぐって二〇一九年、反政府デモが拡大している。

＊

「パプアニューギニア独立国」の正体……ちぢれ毛と新ギニアで、独立したほう。国王はイギリスと同じ。現在の総督はボブ・ダダエ

そもそも、クニの始まりはみんな「王国」だろう。一番腕っぷしが強く、知恵が働き、統率力のある人間がクニ（比較的小地域）をまとめる。周囲を征服、あるいは連合してもっと大きな国となり、たいていはその子孫が代々王位を継ぐ。王、大公、首長、スルタン、天子、大王、大帝、帝王、皇帝……などそれぞれの地域や歴史によって君主号は色々あるが、呼び名はなんであれ、要するに王様だ。

なので王国は、国内の領土・国民は、基本的には王様（とその妃《きさき》、王子などの一族）のもの……という絶対王政から始まる。まあ、当然だろう。

国の所帯が大きくなってくると、統治のための官僚機構も整えられてくる。しだいに権威（王家）と権力（実質的統治者）の分化がおこる場合もある。そこへ人権意識が芽生えてきて、「我々国民は王様の持ち物じゃない」という時代に入る。「王様といえども、憲法に従ってもらわないと」という立憲君主制が生まれる。さらには、「いや、もう王様はいなくても国はまとまるんじゃないか」いう国も出てくる。

そんな現代において、「やっぱり昔からいる王様がいないと、なんとなく落ち着かない」という国が「～王国」や「～公国」「～首長国」などという国名を名乗っているわけだろう。その国名を選んだのが国民なのか王様なのかは、わからないが。

もっとも、王国ではないが、実質的に統治者による絶対王政みたいな国もある。この場合、「～王国」を名乗らないと決めたのは統治側だろうけど。

……さて、日本は？

例の「日出《い》ずる処《ところ》の天子、書を日没《ぼっ》する処の天子に致す」という国書で隋《ずい》の皇帝・煬帝《ようだい》を激怒させた事件については、別の章で書いた。この「天子」が、要するに王様だ。ある国の王様が別の国の王様に国書を送るんだから別にいいじゃないかとも思うのだが、当時の中国では天子（王様）は自分一人という考えだから、怒られたのだ。

翌年の国書では、「東の天皇、敬《つつし》みて西の皇帝に白《まお》す」と同格ではない軌道修正を行っている記述が、『日本書紀』にはある。とはいえ、『日本書紀』は後世に書かれたもの。東天皇、大王、天王、などの表記から「天皇」に落ち着くのは、七世紀以降だと見られている（当初は、オオキミとかスメラミコトと読んでいた）。当然、今の感覚で言えば、日本は君主号が天皇である王国ということだ。

その後、この国の政治の実権が「将軍」に移っていくのは、みんな知っている。将軍は王様なんだろうか？　室町幕府の三代将軍・足利義満《あしかがよしみつ》は、中国（明《みん》）に対し、「日本国王」を名乗っている（中国による冊封《さくほう》体制に入ったようで批判されたが、外国から見れば「ショーグンって何だ？」というわけだから、確かにこのほうがわかりやすい）。

江戸時代に入ると、徳川《とくがわ》家は対外的に「大君《たいくん》」と称した。幕末の外国は、「日本は大君を君主号とする王国だな」と認識していたら、「あれ？　それとは別に天皇という王様もいる。どういうわけだ？」となるわけだ。

明治維新《いしん》は「王政復古」だから、「天皇を君主号とする王国」に戻ったと理解すればいいのだろうか？

明治二十二年（一八八九）の大日本帝国憲法制定で、一応は立憲君主制になった。が、これは天皇主権だから、まだ君主の権限が強い（つまり、絶対王政の色彩を残す）ドイツ型だ。憲法制定にあたってドイツ・プロシアを参考にしたのだから、当然だけど。

戦後、昭和二十一年（一九四六）の日本国憲法で国民主権となり、「君臨すれども統治せず」

のイギリス式立憲君主制になった。イギリスはいまも王国を名乗っているが、日本は名乗っていない。

第八章

共和国

EASTERN HEMISPHERE or THE OLD
ATLANTIC
WESTERN OCEAN
SOUTH AMERICA
ATLANTIC OCEAN
AFRICA
Gulf of Guinea
Tropic of Cancer
Tropic of Capricorn
ÆTHIOPIC OCEAN
SOUTHERN or ÆTHIOPIC OCEAN
SELENOGRAPHY or A MAP of THE MOON
according to Father Riccioli.
The VICISSITUDE of
FROZEN SEA
Siberia
Russian Tartary

前章の王国や公国、首長国など「君主制」の反対が「共和制」。要するに国王、帝王、皇帝、大公……などという君主がいない国だ。

「国を率いる王様はいなくてもいい。国民の中から選んだ人々で、合議制によって国を動かしていこう」

というもの。ラテン語の「res publica（公共のこと）」が語源で、のちに英語の「republic」になる。

前章で「そもそも、クニの始まりはみんな王国」と書いた。共和制なんていうのは近代になってからだろうと思っていたら、そうでもなかった。古代ローマでは、紀元前六世紀に王制ローマから共和制ローマに移行して長く続いた。そのあとまた王制に戻り、ローマ帝国になるけど。

古代中国では、周の時代の一時期（紀元前八四一〜前八二八）、悪政を行っていた王様が追放され、代わって二人の人物が政務を行い、これを「共和」と言った。

日本では幕末、その中国での「共和」という言葉を、西洋から入ってきた「republic」という言葉の訳語に当てたのだ。

現代、共和国の数はとても多い。外務省が発表している百九十五の国の中で、国名に「〜共和国」と入っている国は百二十六もある。国名に入れてはいないが、政体は共和制だという国も多い。すでにここまで、他の章でその多くを紹介してきた。ここでは、まだ採り上げていなかった共和国を、いくつかのパターンに分けてみよう。

【神聖を拠《よ》り所にする】国というものは、国土の各地にバラバラに存在する国民に共通する何かを拠り所にして、一体感を創り出す必要がある。世襲で代々続く王様は、それにふさわしかったのだ。君主がいない共和国の場合は、国民みんなが納得する神様や神聖な人物、建国伝説、信念を拠り所にする。

サンマリノ共和国　Republic of San Marino

イタリアの中にある小国として有名だ。イメージ的に公国かと思っていたが、共和国だったのか。しかも、現存する最古の共和国だという！

四世紀、ローマ皇帝のキリスト教迫害から逃れ、この岩山に籠《こも》ったのがマリヌスという石工。のちに聖マリヌスという聖人になる。これが国名の由来だ。

一六三一年、ローマ法王によって独立を承認された。

＊

「サンマリノ共和国」の正体……聖マリヌス

チュニジア共和国　Republic of Tunisia

アフリカの北側。地中海に面している国だ。首都はチュニスで、国名は「チュニスを首都とする共和国」という意味。では、そのチュニスとは何だ？

フェニキアの女神タニス（Tunis）だという。古代フェニキアというのは今でいうレバノンのあたりだ。地中海を渡って、こんな所までやって来ていたんだなあ。タニスは、タニトとかタニトフとも呼ばれ、母なる神のこと。本国から遠く離れた場所に作った都市に本国の守護神の名前をつけたい気持ちは、わかる。

一九五六年、フランスの保護領から独立。独立時は立憲君主国だったが、翌年、共和制に移行した。

＊

「チュニジア共和国」の正体……フェニキアの守護神タニス

ガーナ共和国　Republic of Ghana

アフリカの西側。ギニア湾に面した国だ。ヨーロッパの植民地時代は、ゴールドコースト（黄金海岸）と呼ばれた。イギリスからの独立は一九五七年と早い。独立にあたって選んだ「ガーナ」という言葉の意味は、（もちろん「チョコレート」ではなく）「王様」とか「最高の指導者」という。かつてアフリカで栄《さか》えた「古代ガーナ帝国」に由来する。共和国を創るのに、命名の由来は王国の君主号でいいのか？

さらに加えて、実はこの古代ガーナ帝国、現在のガーナの地にあったわけではなく、もっと北の内陸部（現在のマリ、モーリタニアあたり）にあった国なのだ。そんな遠く離れた場所にあった国名を名乗ってもいいのだろうか？

場所は違うし、王国ではあったが、大昔に「黒人帝国」として栄えたという伝統と歴史にあやかりたいということなのだろう。ヨーロッパの植民地から、ブラックアフリカ初の独立国となった気概《きがい》による国名だ。

＊

「ガーナ共和国」の正体……（古代ガーナ帝国の）王様、という名の共和国

エルサルバドル共和国　Republic of El Salvador

中米。太平洋側に面した国だ。中米諸国で、大西洋（カリブ海）に面していないただ一つの国。当然、かつてスペイン人によって侵略された。スペイン軍が築いた砦《とりで》が、サン・サルバドル（聖サルバドル）。サルバドルは救世主の意味。キリスト教においては、イエス・キリストのことだ。のちにこの地が首都になり、独立した国名はそれを採用して、エル・サルバドル。エルは冠詞だ。

独立は一八四一年と早い（日本では江戸時代後期の天保）。しかし、クーデター、内戦、軍事独裁、対外戦争、他国との連邦交渉失敗などが繰り返され、政治が安定しないことで有名だ。

＊

「エルサルバドル共和国」の正体……救世主

トリニダード・トバゴ共和国　Republic of Trinidad and Tobago

南米。ベネズエラの北に浮かぶ島国だ。主要な二島であるトリニダード島とトバゴ島の名前を合わせた国名。

前者は、コロンブスが第三回目の航海で発見した。この島には三つの山が見えた。そこから「三位一体《さんみいったい》」という意味でトリニダードと名付けられたという。キリスト教における三位一体は「父＝神、子＝キリスト、聖霊」だ。

もう一つのトバゴは、その島で原住民が吸っていたタバコが由来だといわれる。聖なる言葉と俗なる言葉が合体した国名だ。

一九六二年、イギリスから独立した。

＊

「トリニダード・トバゴ共和国」の正体……三位一体（父と子と聖霊）とタバコ

次は、国名に「Republic」の文字はないが、共和制。やはり神聖な建国伝説の国。

イスラエル国　State of Israel

旧約聖書によると、アブラハムの孫であるヤコブが天使と格闘して、勝った。なので、それ以降イスラエルという別名になった。意味は「天使と戦う人」。なので、彼の子孫たちであるユダヤ人は、国にイスラエルと名前をつけた。場所はカナンの地。地中海とヨルダン川・死海に挟まれたあたりだ。これが古代イスラエル王国（都がエルサレム）で、紀元前十一世紀のことというから、気が遠くなるような大昔の話だ。

ここから説き起こすと大変なことになるので、乱暴に端折《はしょ》る。やがて、国が滅亡したユダヤ人たちは離散する（ディアスポラ）。そして、十九世紀に入ってシオニズムがおこる。シオンはエルサレムの別名で、「シオンの地に戻って故国を再建しよう！」という考えだ。

そこで第二次世界大戦後、イギリス委任統治領パレスチナを分割して、ユダヤ人によるイスラエル国家を建国したのが、一九四八年。

しかし当然この地にいるアラブ人たちともめるわけで、やがてＰＬＯ（パレスチナ解放機構）もできて、現在に至るまでパレスチナ問題となっている。

＊

「イスラエル国」の正体……天使と闘う人

パレスチナ　Palestine

その一方の当事者がこちら。外務省では、国ではなく「その他の地域」としている。

イスラエル建国によって、ＰＬＯ（パレスチナ解放機構）ができる。対立していた両者は、一九九三年のオスロ合意で「イスラエルを国家として、ＰＬＯをパレスチナの自治政府として、互いに認める」となった。しかしそのまま簡単に和平には向かっていないけど。そして二〇一三年、自治政府は「パレスチナ国」への改名を宣言した。現在、国連ではオブザーバー国家として扱われている。

このパレスチナの意味は「ペリシテ人の土地」。実は、前項で触れた古代イスラエル王国のライバルが「ペリシテ人」だったのだ。そうか、

ペリシテ人＝パレスチナVSユダヤ人＝イスラエル

という三千年にもわたる歴史的対立なのか……と思うかもしれないが、紀元前十一世紀の話が今につながっているわけではない。ペリシテ人は、いまパレスチナにいるアラブ民族と、直接の関係はないのだ。そもそも、第一次世界大戦後の中東の主導権を握るため、イギリスがアラブ側とユダヤ人側に違う話をして（有名な三枚舌外交）、「パレスチナ」という古い名前を復活させたのだから。

＊

「パレスチナ」の正体……ペリシテ人の土地

【民族を拠《よ》り所にする】 同じ言葉、文化、宗教を持ち、歴史を共有してきた民族……ということも、国をまとめる拠り所になる。なので、民族名＝地域名（かつてあった王国名）＝建国にあたっての新国名というケースは多い。とくに植民地支配から脱したアフリカ諸国が、王国ではなく共和国を作る時、たいていは民族自決主義なのでそうなる。一九六〇年は、アフリカで十

七国もが独立を達成し「アフリカの年」と呼ばれる。その多くが「〜共和国」を名乗った。そして、新国名に民族名を採用した。もっとも、民族名と地域名は遠い昔まで遡《さかのぼ》るとどっちが先なのかわからない。それもまた、我々は長い歴史を共有してきた仲間だ……ということなのだろう。

フランス共和国　French Republic

一七八九年、フランス革命によってルイ十六世とマリー・アントワネットが処刑され、王制が倒れた。そして共和制になる。その後、ナポレオンが帝政を敷いたり、また共和制になったり……を繰り返し、現在は一九五八年にドゴールが創設した第五共和制だ。

フランスという国名の由来はフランク族だという。五世紀に、彼らが築いたフランク王国が起源。フランク王国が、フランス、ドイツ、イタリアのルーツになるのだ。フランク族はゲルマン人の一族で、フランカと呼ばれる投げ槍《やり》を得意にしたので、投げ槍族とも呼ばれる。意味は勇敢な人。なんだか、のちのフランス文化の印象とはずいぶん違う。

＊

「フランス共和国」の正体……フランク族（勇敢な人）

ギリシャ共和国　Hellenic Republic

国名の英語表記を見てもわかる。ギリシャでは、自分たちのことをヘレスと呼ぶ。ヘレニズム（ギリシャ風）の、ヘレスだ。ギリシャ神話の女神ヘレナが語源のようだ。

が、ラテン語ではグレキアと呼ぶ。かつてグレキア族と呼ばれる民族が住んでいたからで、意味は高地の人（そういえば、北マケドニアも同じ意味だった）。これが英語ではグリースになる。ポルトガル語でグレーシア。これが日本でギリシャとなった。

一八三〇年、オスマン帝国から「ギリシャ王国」として独立。その後、共和制、王制を繰り返して一九七四年、現在の共和国になった。

＊

「ギリシャ共和国」の正体……女神ヘレナ。グレキア族（高地の人）

ブルガリア共和国　Republic of Bulgaria

そのギリシャの北にあって、黒海《こっかい》に面した国。日本人には「ブルガリアヨーグルト」で知られている。

四世紀後半から、中央アジアのフン族が西進して、これに押される形でゲルマン民族が大移動したというのは、むかし学校で習った記憶がある。東ヨーロッパに流れてきたフン族の一派は、バルカン半島にやってきた。元々いたスラブ人と混ざって「ブルガール人」と呼ばれた。意味は、混血だ。

第二次世界大戦後、ソ連の衛星国「ブルガリア人民共和国」だったが、ソ連の瓦解《がかい》を受けて一九九〇年、人民がとれた「ブルガリア共和国」になった。

＊

「ブルガリア共和国」の正体……ブルガール人（混血した）

ブルンジ共和国　Republic of Burundi

アフリカ東部の内陸国。人口構成は、農耕系フツ族が八五パーセント、牧畜系ツチ族が一五パーセントで、ずっともめている。あれ？　こういう国、どこかで見た記憶はないだろうか？　そう北接するルワンダだ。

ルワンダはかつてルワンダ王国だった。ここも、かつてはブルンジ王国だった。が、ともにドイツの植民地になり、ベルギーによって「ルアンダ・ウルンディ」と一緒にされて信託統治された。そして一九六二年、同時に独立……という経緯も同じ。フツ族とツチ族の対立……という国情も同じで、ルワンダとブルンジは兄弟国と呼ばれている。

もっともフツ族、ツチ族は元々同じバンツー系の民族。最近ではフツ系、ツチ系という表現をするくらい差異が少ない。なのに、宗主国ドイツ、ベルギーがあえて両者を差別化してツチ族を中間支配層に仕立てたのだ。分割統治は植民地支配の王道（現在の国家運営でも、よく使われる手法だ）。その影響で、独立後も両者の間で紛争が絶えない。罪なことをしたものだ。

ブルンジの意味は「ルンディ族の国」という。そのルンディの意味は「ふくらはぎの人」。なんだそれ？　さんざん出てきたツチ族、フツ族と、ルンディ族の関係は？　フツ族、ツチ族ともバンツー諸語に属するルンディ語を話す……というのだから、合わせてルンディ族ではないのか？

＊

「ブルンジ共和国」の正体……ルンディ族（ふくらはぎの人）

ボツワナ共和国 Republic of Botswana

アフリカの南部にある内陸国。元々この地にいたのはサン人（いわゆるブッシュマンとか、コイサンと呼ばれる人たち）。そこへやってきたツワナ族が、彼らをカラハリ砂漠に追いやって国を作った。ツワナ族の国だからボツワナという国名。では、ツワナの意味は？「切り離されている人」だという。なんだか切《せつ》ない言葉だ。どうして？

ツワナ族もまた、バンツー系の民族だ。前項のフツ族、ツチ族と同じ。バンツー諸語を話す人々というのは、アフリカ中部から南部にかけて爆発的に拡散して分派を作った。ウガンダを作るガンダ族も、レソトを作るソト族も、エスワティニを作るスワジ族も、そしてツワナ族もその一派。なので、バンツー系から「切り離されている人」という歴史的意味なのだという。

一九六六年、イギリスから独立した。

＊

「ボツワナ共和国」の正体……ツワナ族（切り離されている人）

ベナン共和国 Republic of Benin

アフリカ西部。ギニア湾に面した国だ。かつてこの地には黒人によるダオメー王国があった。

ヨーロッパ人がやってくると、積極的に奴隷貿易に協力し、武器を手に入れた。そうすれば周辺国に対して力を示せるからだ。国が自国民を守るというのは建前《たてまえ》であることがよくわかる。権力というものは、平気で国民を売り飛ばす。いつの時代、どこの国でも。かくしてこの地は、奴隷海岸と呼ばれ、やがてフランスの植民地となる。

一九六〇年に独立時は、過去の栄光を思い出して「ダオメー共和国」を名乗った。黒人王国だったことに誇りを感じたのだろう。それはわかる。しかしクーデターがおきて一九七五年、「ベナン人民共和国」になる。このベナンはどこから来たのか？

かつてベナン王国という黒人王国もあったのだ。それにあやかろうという気持ちも、わかる。しかし、ベナン王国があったのは、お隣りナイジェリアなのだ。地理的にも歴史的にも、まったく関係ない由来で国名を名乗った（そういえば、ガーナ共和国もそうだった）。おおらかといえば、おおらかだ。

一九九〇年、人民が取れて「ベナン共和国」となる。ビニ族の国でベナンだ。ビニの意味は「息子たち」とも「争いの地」ともいわれる。が、現在のベナンとは民族的にも関係ないのだ。意味の詮索《せんさく》は、無意味ではないか？

＊

「ベナン共和国」の正体……ビニ族

大韓民国　Republic of Korea

漢字では「〜共和国」ではなく、「〜民国」と表記されているが、英語表記では他国と同じ「Republic」なので、この章に入れよう。ハングル表記「대한민국（テーハミング）」の「ミング」部分だ。

この地には古くから馬韓《ばかん》、辰韓《しんかん》、弁韓《べんかん》の三国があった。のち高句麗《こうくり》、百済《くだら》、新羅《しらぎ》になっても、「三韓」の意識は強い。なので、一八九七年から一九一〇年までは「大韓帝国」を名乗っていた。韓の語源は、「平野」とも「君主」ともいわれるが、古いことなので不明だ。要するに、韓民族ということ。

日韓併合があって、一九四八年の独立時、この国名になった。

＊

「大韓民国」の正体……韓民族

さらに、わざわざ国名で「〜共和国」と名乗っていない共和国もある。なにか意図があってそうしているのか、たまたまなのか？　やはりどこも「民族を拠《よ》り所」にしている。

ハンガリー　Hungary

東欧の国だ。自分たちでは、国名を「マジャールオルザーク」と呼ぶ。意味はマジャール（Magyar）人の国。マジャールの意味はよくわからない。九世紀頃、アジアから現在の地にやってきて住み着いたという。

じゃ、ハンガリーは？　「ゲルマン民族の大移動」という言葉は、知っている。それは、アジアから大移動してきたフン族に押される形でおきたという話も、聞いたことがある。そのフン族の国という意味でハンガリーだという。「Hun」がフン族で、「gari」が人だ。

なるほど、マジャール人もフン族も、呼び名が違うだけで同じなのか……と思ったら、いや、待て。ゲルマン民族の大移動は四、五世紀のことだ。時代が全然合わないではないか？

よく言われるのは、九世紀に大挙してやってきたマジャール人に、周辺国は以前のフン族のイメージ（脅威）を重ねて、そう呼んだのだという説。しかしねえ、そんな五百年も昔の記憶が残っているものだろうか？

このフン族勘違い説は、最近では否定されている。オノグール（Onogur）族という呼び名が変化してハンガリーになったという説が強い。オノグールの意味は「十の部族」。この中にマジャール人も含まれる。

いろんな説があれど、自分たちでは「マジャール」と呼ぶが外からは「ハンガリー」と呼ばれる、という事実は変わらない。

第二次世界大戦後は社会主義陣営に入り「ハンガリー人民共和国」だったが、ソ連崩壊で人民がとれて一九八九年に「ハンガリー共和国」になった。そして二〇一二年の新憲法制定で、今度は共和国もとれて「ハンガリー」だけになった。

国名はどんどんシンプルになっていく。が、共和制だ。

＊

「ハンガリー」の正体……オノグール族（十の部族）。ただし、自分たちではマジャール族と呼ぶ

ルーマニア Romania

国名はわかりやすく「ローマ人の国」だ。東欧において、周囲はマジャール人の国（ハンガリー）やスラブ人の国（ブルガリア、セルビア、ウクライナなど）に囲まれているのに、ラテン系のローマ人の国。

西暦一世紀頃、古代ローマ帝国の属州ダキアになったのに端《たん》を発する。その後いろいろと国の変遷《へんせん》があるのだが、実はずっと国名で「ローマ」を名乗っていない。一八六一年、二つの公国が統合されてルーマニア公国を名乗ったのが最初だ。国家を統一するにあたって、「我々は同じ、栄光のローマ帝国の子孫ではないか」という民族意識を利用したのだろう。

その後「ルーマニア王国」になり、第二次世界大戦後は社会主義陣営で「ルーマニア人民共和国」に。さらに一九六五年、チャウシェスクによって「ルーマニア社会主義共和国」になり、一九八九年にチャウシェスクが倒され、ただの「ルーマニア」になった。

共和制だが、旧ルーマニア王家には特別な地位が与えられている。なので、共和国でありながら国王（のような存在）がいる。国名から「共和国」を抜いた理由は、これなのか？

＊

「ルーマニア」の正体……ローマ人の国

モンゴル国 Mongolia

日本人にとってはチンギス・ハンと元寇《げんこう》（蒙古《もうこ》襲来）と、それからずーっと飛んで大相撲《おおずもう》の力士の国、というイメージではないか？

実際にもそうで、十三世紀にチンギス・ハンがモンゴル族を率いて帝国を築いたので、あの地域をモンゴルと呼ぶ。モンゴルの意味は「勇猛な人」。そりゃ、のちに屈強な力士たちを輩出するわけだ。モンゴルの中国語表記が「蒙古」。チンギスの孫・クビライの時に「元《げん》」となり、日本に攻め入る。その後、モンゴルという地名・国名は歴史から消える。ずーっと飛んで再び登場するのは二十世紀になってからだ。

一九二一年、中国から独立した時「大モンゴル国」を名乗った。最初は活仏を君主とした立憲君主国。三年後、君主の死によって、ソ連に続いて世界で二番目の社会主義国「モンゴル人民共和国」となった。場所的にはソ連と中国の間にあるから、やがて「ソ連の十六番目の共和国」と揶揄《やゆ》された。

そしてソ連が崩壊すると、一九九二年「モンゴル国」となった。共和制だ。

＊

「モンゴル国」の正体……モンゴル（勇猛な人）人の国

ブルキナファソ　Burkina Faso

アフリカ西部にある内陸国だ。フランスの植民地時代は「オートボルタ」と呼ばれた。ボルタ川の上流、という意味。このボルタ川の下流はガーナ国内を流れる。そうして、ギニア湾に注ぐ。

一九六〇年、アフリカの年に独立。国名は、オートボルタ共和国だ。しかし、一九八三年に社会主義路線のクーデターがおこり、翌年、国名はブルキナファソに変わった。旧宗主国が名付けた国名をいつまでも使っているのもどうか、という思いもあったのだろう。ブルキナは「清廉潔《せいれんけっ》白《ぱく》な人」、ファソは「祖国」という意味。モシ族という民族名ではないが、モシ語の言葉で民族を表した国名だ。

国名から「共和国」の文字は消えたが、共和制だ。

＊

「ブルキナファソ」の正体……清廉潔白な人の祖国

【アラブ共和国】

アラブというのも民族名だ。中東と北アフリカという大きな地域の、複数の国に広がっている。現在、この名を冠した共和国が二つある。なぜか？

エジプト・アラブ共和国　Arab Republic of Egypt

普通この国のことはエジプトと呼ぶ。が、正式名はエジプト・アラブ共和国だ。なぜだろう？

エジプトの歴史がとても古いことは誰でも知っている。古代ギリシャ人は、創造神プタハの宿る場所「フウト・カ・プタハ」と呼んだ。これが訛《なま》って「アイギュプトス」（どう訛ればこうなるのか理解に苦しむが、この説が強い）になった。やがてそれを、ローマ人が「エギュプトス」と呼んだ。それでもまだ紀元前のクレオパトラの頃だ。ここまで来ればあと一歩で、「エジプト」になる。

長い歴史の紆余曲折《うよきょくせつ》の後、一九二二年にイギリスから「エジプト王国」として独立。一九五三年に「エジプト共和国」となる。さて、エジプトのナセル大統領には悲願があった。アラブ民族の統一と連帯という、汎《はん》アラブ主義だ。それによって、一九五八年、シリアと一緒に「アラブ連合共和国」となる。が、間に別の国を挟む飛び地国家がうまくいくはずもなく、三年で解体した。その後他のアラブ諸国との連携《れんけい》も探ったが、うまくいかない。しかしさらに十年間、この国はずっとアラブ連合共和国を名乗り続けていた。単独の国なのに……。看板を下ろしたのは、一九七一年。ナセルの死後だ。

エジプト・アラブ共和国という国名には、かつて見た汎アラブ主義の夢の名残《なごり》が入っているのだ。

＊

「エジプト・アラブ共和国」の正体……創造神プタハと、汎アラブ主義の夢の名残

シリア・アラブ共和国　Syrian Arab Republic

そのエジプトと一緒に、一時は「アラブ連合共和国」を名乗っていた国だ。中東にある。こち

らもまた、とても歴史が古い土地。古代オリエントを統一した「アッシリア」という国名で、紀元前の歴史に登場してくる。シリアという国名は、そこから採ったとされる。

紆余曲折《うよきょくせつ》の後、一九四六年にフランスから「シリア共和国」として独立。一九五八年、エジプトと一緒に「アラブ連合共和国」となり、三年で解体したのは、前項の通り。

この時、解体して名乗った国名は「シリア・アラブ共和国」。こちらにもまた、同じ夢の名残《なごり》が入っているのだ。そして現在も、これが正式名。

なんだか双方とも、離婚したあとも結婚式の写真を大切に飾っているような国名だ。未練がましいともいえるが、初心忘るべからずともいえる。

＊

「シリア・アラブ共和国」の正体……古代アッシリアと、汎アラブ主義の夢の名残

【イスラム共和国】 わざわざ、国名にこう表記している共和国もある。共通するのは、国法がイスラム教の教えに基づいているという点。現在、四か国ある。すでに別の章で「アフガニスタン・イスラム共和国」と「イラン・イスラム共和国」は採り上げた。ここでは、残る二つの国名を見てみる。

パキスタン・イスラム共和国 Islamic Republic of Pakistan

インドの西に隣接する。インドの国名の由来となったインダス川は、実はほぼこの国を流れて

いる。

「パク（神聖な、清浄）」と「スタン（～の国）」が結びついた国名だ。しかしそれだけでなく、国名にはこの国の五つの地域名が入っている。

P……パンジャブ州

A……アフガン（北西辺境州）

K……カシミール

S……シンド州

TAN……バルティスタン州

イギリス領インド帝国から一九四七年に独立。当初は、ヒンズー教のインドを挟んだ飛び地を「東パキスタン」として持っていた。しかし、同じイスラム教で括《くく》るにしても、一八〇〇キロメートルも離れていては、うまくいかない。やがてそれはバングラデシュとして独立することになる。

東に大国・インド、西にイラン、北西にアフガニスタン、北に大国・中国がいるので、領土をめぐってのもめ事も絶えない。特にカシミール地方はパキスタン、インド、中国の三国がからみ、何度も紛争をくりかえしている。

＊

「パキスタン・イスラム共和国」の正体……清浄な国で、イスラム教

モーリタニア・イスラム共和国 Islamic Republic of Mauritania

アフリカの西の端にある国。

シェークスピアとかに、よく「ムーア人」という言葉が出てきて、あれは何だろうなと思っていた。北アフリカにいるイスラム教徒で、フランス語ではモール人。ギリシャ語のマウロス（皮膚の黒い人）から来た言葉で、黒人ということだったのか！

そのモール人の国だからモーリタニア。フランスの植民地から、一九六〇年に独立した。

＊

「モーリタニア・イスラム共和国」の正体……モール人（肌の黒い人）で、イスラム教

【人民共和国】

「人民」と「共和国」がセットになっている国名は、五つある。すでに別の章で「中華人民共和国」「北朝鮮（朝鮮民主主義人民共和国）」「アルジェリア民主人民共和国」は取り上げた。ここでは、残る二つの国名を見てみる。

ラオス人民民主共和国 Lao People's Democratic Republic

東南アジアの内陸国だ。東はベトナム、西はタイに挟まれている。タイとの国境がメコン川。昔からこの川の両側に住んでいた民族がラオ族だ。ラオ族の国だからラオス。わかりやすい。

しずっとフランスの植民地だった。第二次世界大戦後の一九五三年、ラオス王国として独立。しかし東隣のベトナムが、北の社会主義陣営と南の資本主義陣営による激しい戦いを繰り広げてい

るのだ。巻き込まれないわけがない。一九七五年、隣で北ベトナム軍が勝利すると、王国の看板を下ろし、社会主義の「人民民主共和国」に変わった。

ラオ族はタイ族の一派で、タイ語でラオとは「人間」という意味らしい。すると、「ラオス」と「人民」はかぶっている。

＊

「ラオス人民民主共和国」の正体……ラオ族の国。社会主義国

バングラデシュ人民共和国　People's Republic of Bangladesh

インドの東。ガンジス川の河口に位置する国だ。かつて、パキスタンから遠く離れた飛び地で「東パキスタン」だった。一九七一年に分離独立。その時、国名が「バングラデシュ」になった。「バングラ」は、このあたりを示すベンガル地方のこと。東部がヴァンガで、西部がガウル。合わせてベンガル（東西）だ。「デシュ」は国。

独立当初は社会主義国だったので、国名に「人民」がついている。が、うまくいかず、クーデターによって一九七七年、社会主義の看板は下ろした。しかし国名はそのままだ。「人民」による「共和国」と言っているだけだから、別にそのままでもいいのか。

＊

「バングラデシュ人民共和国」の正体……ベンガル人の国。社会主義国ではない

ちなみに、「アルジェリア民主人民共和国」も建国時は社会主義だったが、のちに転換している。バングラデシュ人民共和国と同じだ。なんとなく「人民＋共和国＝社会主義国」と思っていたが、今もそうなのは「中華人民共和国」「北朝鮮（朝鮮民主主義人民共和国）」と「ラオス人民民主共和国」の三つ。

考えてみれば、もともと「人民」と「共和国」としか名乗っていないので、政治体制がどう変わろうと（王制でない限り）、国名はそのままでもいい。ベンリな国名だ。

さらにちなみに、国名で社会主義を名乗っているのは「ベトナム社会主義共和国」と「スリランカ民主社会主義共和国」の二か国だけ。しかし、スリランカは現在では社会主義国だと見られていない。ややこしい国名だ。

国名で「共和国」を名乗っている国にもいろいろなパターンがある。単純な「～共和国」が一番多いが、その他に「～民主共和国」「～イスラム共和国」「～アラブ共和国」、そして「～人民共和国」「～人民民主共和国」「～民主主義人民共和国」、さらに「～民主社会主義共和国」「～社会主義共和国」、あるいは「～連合共和国」「～連邦共和国」「～連邦民主共和国」。

いくつかの限られた単語の組み合わせと語順の入れ替えが行われているだけで、どこがどう違うのかわからない。おそらく、それぞれ国情に応じて違っているのだろう。こうなると、「共和国」という言葉は「君主国ではない（王様を名乗る人がいない）」という意味しかもたない。

しかし、その君主国といえども、現代では多くの国が立憲君主制になっている。この場合、君主は「君臨すれども統治せず」だ。統治は国民から選んだ人々が合議で行うのだから、実際には共和制とあまり違いがなくなっている。

一方で、「～共和国」と名乗っていながら、実態は独裁に近い国もある。王様を名乗る君主こそいないが、絶対君主制みたいな国だ。

共和制と民主主義は、一見セットになっているように見えて、実は別々だって成立するということなのか。

……さて、日本は？

明治維新《いしん》によってできた日本は、天皇を主権者とする君主国だった。絶対君主制だ。明治二十二年（一八八九）に大日本国憲法ができて、制度上は立憲君主制となった。しかし、民主主義ではなかった。

戦後、日本国憲法によって、天皇は象徴とされた。国民主権になった。けれど、「日本民主共和国」とは名乗らなかったし、もちろん「日本王国」とも名乗らなかった。国名は、「大日本帝国」から「日本国」あるいは「日本」に変わった。

第九章
連と合

ATLANTIC
WESTERN OCEAN
SOUTH AMERICA
ÆTHIOPIC
OCEAN
AFRICA
SOUTHERN or ÆTHIOPIC OCEAN
EASTERN HEMISPHERE or THE OLD
SELENOGRAPHY or A MAP of THE MOON according to Father Riccioli
The VICISSITUDE of

いくつかの小さな国が年月を経てしだいにまとまり、やがて大きな国になる……というのが、よくあるケースだ。しかし、一国にまとまりきれなかったケースもある。民族や言語、宗教などがあきらかに違う地域は、一緒になりにくいのだ。ならば別々の国でいればいいのだが、周辺国を見渡すと、「ウチもまとまっておいたほうがいい」と思う。経済上、国防上などの理由でスケールメリットがあるのだ。

なので、「独立した小国群」と「それらがまとまって一体化した一国」の間に、「独立性の強い地域（国、州、自治州、自治区などと呼ばれる）の連合体としての国」がある。「〜連邦」とか、「〜連合」などと名乗る国だ。たしかに国土の広い国は、色々と考えの違う地域があってまとめにくいだろうし、そうなるだろうなあとは思う。

連邦と連合の違いは何だろう？　そのどちらでもないが、「〜合衆国」というのもある。違いは何だろう？

日本人としては、普通はカタカナ国名の下についている「連」「合」などの言葉に注意を払わない。しかし、アメリカの正式名を知って、

「合衆国だったのか！」

と認識するように、

「ここは連邦国だったのか！」

とあらためて認識する国が、けっこうある（かつての「ソ連」のように、日本語国名で「連」をつけて呼ぶケースはないので、ほとんどがあらためて気付く）。さらに、実態は「連邦」や「連合」なのだが、国名にそれが入っていない国も、けっこうある。

この章にあるのは、外務省の日本語表記国名で「連」や「合」が入っている国だ。

【連邦】

まず、もうなくなってしまったが、おそらく一番有名だった「連」の国。

ソ連（ソビエト社会主義共和国連邦）　Union of Soviet Socialist Republics

英語での略称は、ＵＳＳＲ。ビートルズの曲「Back in the U.S.S.R.」でも有名だ。この最初のＵは「ユニオン（同盟、結合）」だ。ロシア語での略称は、ＣＣＣＰ。よくロケットに書かれていた。この最初のＣは、ロシア語で「ソユーズ（同盟、団結）」だ。そういえば、あの国のロケットはソユーズという名前だった。

だから日本語での略称は、かつては「ソ同盟」とされることもあったようだ。納得がいく。ところが、当事国が、「いや、同盟ではなく連邦である」と主張したので、「ソ連」、あるいは「ソ連邦」となった。

かつての「ロシア帝国」から、世界初の社会主義革命によって誕生した国だ。世界初だからその国名もユニークで、ソビエトとは「評議会」のこと。革命の時にできた労働者、農民、兵士たちによる代表機関のこと。山河大地名でなく、民族名でもなく、建国の英雄名でもない機能的な言葉を国名にした国は珍しい。

一九二二年から、一九九一年まで存在した。連邦を構成する国は、すべて「〇〇ソビエト社会主義共和国」と名乗って、十五あった。「評議会」による「社会主義」の「共和国」の「連邦」だから、「ソビエト・社会主義・共和国・連邦」なわけで、理路整然としている。

ソ連解体後、それぞれ十五の独立国になった。

＊

「ソ連（ソビエト社会主義共和国連邦）」の正体……評議会体制による社会主義共和国の同盟（十五か国）

そして、ソ連解体後も依然として世界最大の面積を誇る国、ロシアだ。

ロシア連邦　Russian Federation

独立しても、なおかつ「連邦」を名乗っている。それだけ広い国土なのだ（旧ソ連の七六パーセントが現ロシア）。ソ連当時から、十五ある国の内ここも連邦国家だったから、連邦内連邦という入れ子細工みたいな状態だったのだ。

国名を見ると、英語では、ソ連時代の「Union」ではなく「Federation」になっている。フェデレーションの意味は「連邦、連盟」。そういえば、かつてテニスでは「フェデレーション・カップ（現フェドカップ）」、サッカーでは「コンフェデレーションズカップ」というのがあった。どちらも連盟主催だからこのネーミングだ。ロシア語でも、「ソユーズ」ではなく「フィヂラーツィヤ」。今度は単語としてもフェデレーションとほぼ同じ。意味はもちろん、「連邦、連盟」だ。

しかし日本語では「ロ連」とも「ロ連邦」とも略さず、単に「ロシア」と呼ぶ。

連邦を構成しているのは、連邦直轄市《ちょっかつし》（三）、共和国（二十二）、州（四十六）、地方（九）、自治州（一）、自治管区（四）……の計八十五ある構成要素。ただしこれは、かつて一緒に「ソ連」だったが、現在は別の国であるウクライナと係争中である連邦直轄市セヴァストポリとクリミア共和国を含んでいる。世界的には、構成要素は八十三だとされる。

ロシアの元の言葉は、ルーシ族だという。現在のモスクワを含むキエフ大公国は、ルーシ族の国家だったので、キエフ・ルーシと呼ばれた。ルーシの意味は「オールを漕《こ》ぐ人」だというが、よくわからない。

＊

「ロシア連邦」の正体……ルーシ族（オールを漕ぐ人）。連邦直轄市・共和国・州・地方・自治州・自治管区の計八十三からなる（ロシア側の主張は八十五）【238P】

ブラジル連邦共和国　Federative Republic of Brazil

ここも国土が広い。世界第五位だ。

国名の「Federative」は、Federationが形容詞になっている。

連邦を構成しているのは、二十六の州と一つの連邦直轄区（首都ブラジリア）だ。

＊

「ブラジル連邦共和国」の正体……赤い木。二十六の州と一つの連邦直轄区からなる【100P】

オーストラリア連邦　Commonwealth of Australia

ブラジルに続いて、国土面積世界第六位。

おや、今度は「Commonwealth」だ。コモンウェルスというのは、Common（共通の）＋wealth（財産）で、「共益」「社会全体にとっていいこと」という意味になる。国名にこれを使う場合、最初は「共和国」という意味だった！

ところが、二十世紀に入って、共和国は「Republic」になった。代わって、コモンウェルスのほうは、連邦と訳されることが多くなったようだ。

すでにここまで「Union」「Federation」があって、さらに「Commonwealth」も。これらがすべて、日本語では「連邦」なんだから、便利というか、いいかげんというか……。

＊

「オーストラリア連邦」の正体……南の大陸。六つの州と二つの特別地域からなる【79P、135P】

エチオピア連邦民主共和国 Federal Democratic Republic of Ethiopia

アフリカの北東部にある。アフリカ最古の独立国だ。建国起源では、紀元前十世紀、ソロモン王とシバの女王の間に生まれた子から始まるというから、歴史というより伝説みたいな国だ。高原の国なので、三千年もの間、外敵を防ぐことができたのだ。ヨーロッパによるアフリカ分割でも独立を保った。一時、イタリアの植民地に編入されたが、すぐ一九四一年に独立を回復。一九七五年には帝政を廃止。社会主義国を経て、一九九五年、現在の連邦民主共和国になった。

日本の三倍ある国土が、九つの州と二つの自治区による連邦制によって統治されている。自治区の一つは、首都アディスアベバだ。

国名は、ギリシャ語の「アイトスオプシア」から来ている。「アイトス」が「日に焼けた」、「オプス」が「人」。なので、「日に焼けた人の国」という意味だ。このアイトスオプシアがしだいに訛《なま》ってエチオピアになった。

＊

「エチオピア連邦民主共和国」の正体……日に焼けた人の国。九つの州と二つの自治区からなる

ソマリア連邦共和国 Federal Republic of Somalia

そのエチオピアを囲むようにV字型で東側にあるのが、ソマリア。「アフリカの角」と呼ばれる特徴的な位置にある。海路上重要な場所なので、北部がイギリス領、南部がイタリア領にされた。一九六〇年、同時に独立して一緒になった。この時名乗ったのは、ソマリア共和国という国

名。ヌビア族の言葉で「ソマリ」は「黒い」という意味から来ている。

しかしすぐ内戦状態に入る。その後、国名も政体もコロコロ変わり、国連PKOも入り、海域には海賊も現れた。ようやく二〇一二年に現在の連邦制になった。……ではあるが、旧イギリス領のソマリランドは勝手に独立宣言をしてほぼ独立国のように機能しているし、ほかにもプントランドとか南西ソマリアといった地区が自治宣言しているしで、連邦の構成要素は複雑だ。

＊

「ソマリア連邦共和国」の正体……ソマリ（黒い）族の国。公式には十八の州からなると思われるが、複数の州がまとまって独自に自治宣言をしているので、実態はあいまい

ナイジェリア連邦共和国　Federal Republic of Nigeria

ここもアフリカ。南がギニア湾に面している国だ。国名の由来は、ニジェール川。

三十六の州と連邦首都地区（アブジャ）による連邦制。国土面積は日本の二倍半あるとはいえ、連邦の構成要素がずいぶん多いように感じる。実は、独立時は東部州、西部州、北部州の三つだった。が、民族対立が激しく、だんだんまとまるどころか、逆にどんどん細分化してこんな数になってしまったようだ。

連邦制というのも、なかなか大変だ。

＊

「ナイジェリア連邦共和国」の正体……ニジェール川。三十六の州と一つの連邦首都地区からな

る【149P】

ミャンマー連邦共和国　Republic of the Union of Myanmar

かつては「ビルマ」という国名で、日本人にも『ビルマの竪琴《たてごと》』で有名だった。しかし一九八九年、軍事政権が突然「ミャンマー」に名称を変更した。人口の六割を占めるのはビルマ族で、その意味は「強い人」。そしてミャンマーの意味も「強い人」。同じって、どういうこと？

実はどっちも同じ言葉で、口語的でくだけた言い方が「ビルマ」、文語的で格式ばった言い方が「ミャンマー」ということ。よりあらたまった言い方に変更しただけだ。ならば国際社会もそれをさっさと認めればいいのだが、国によって対応が異なったのは、軍事政権への反発があったから。

国連と日本政府はすぐに承認したが、マスコミの一部はしばらく「ミャンマー（ビルマ）」という表記を続けていた。アメリカやイギリス、BBC、そして人権擁護《ようご》団体などは「ビルマ」、AP、ロイターなどは「ミャンマー」と、対応はバラバラだ。

ビルマ時代から首都はヤンゴン（ラングーン）だったが、新首都ネーピードーを作って、二〇〇六年に移った。

連邦は七つの地方域、七つの州、一つの連邦領（首都ネーピードー）から構成される。

＊

「ミャンマー連邦共和国」の正体……強い人（ビルマ族）。七つの地方域、七つの州、一つの連

邦領からなる

ここまでは、面積が日本より大きい国だった。国土が大きければ地域ごとに民族が複数あって、連邦制でなければ統治しにくいケースもあるだろうとは思う。が、ここからは日本より国土が狭い国だ。

ドイツ連邦共和国　Federal Republic of Germany

ドイツの面積は、ほぼ日本と同じ。この国が一つにまとまるのは意外に新しく、日本が明治維《い》新《しん》で一つにまとまるのと、ほぼ同じ。一八七一年だ。

呼び名が色々ある国だ。自国ではドイッチュラントで、このドイツは「民衆、同胞《どうほう》」のこと。つまり民衆の国だ。英語ではジャーマニーで、これも有名。ジャーマンはゲルマン民族のこと。お隣フランスではアルマーニュと呼ぶ。ゲルマン民族の一部アレマン族のこと（イタリアのブランドとして有名なアルマーニとは関係ない）。

そういえば、ドイツのサッカーリーグは「ブンデスリーガ」と言う。リーガは「リーグ」のことだろうが、ブンデスは？　この国の正式名をドイツ語で書くと、「Bundesrepublik Deutschland（ブンデスレプブリーク　ドイッチュラント）」。前半は、ブンデス（連邦）＋レプブリーク（リパブリック＝共和国）なのだ。そうか、あれは「連邦リーグ」という意味で、ということはドイツは連邦国家だったのか、とここでようやく気付く。お恥ずかしい。

東西冷戦時代は東ドイツ（ドイツ民主共和国）と、西ドイツ（ドイツ連邦共和国）だった。当時から西側は連邦制だったから、一九六三年創設の「ブンデスリーガ（連邦リーグ）」なのだ。

一九九〇年、東ドイツが西ドイツに併合される形で再統一がなった。そうして現在、十六の連邦州から構成されている。その内二つはベルリン（首都）とハンブルクという都市だ。東ドイツから編入された新連邦州は五つある。

＊

「ドイツ連邦共和国」の正体……民衆の国。十六の連邦州（うち二つは都市）からなる

ネパール連邦民主共和国　Federal Democratic Republic of Nepal

二〇〇八年までは王制だった。それから共和制になったのだが、実に七年をかけて憲法を制定し、二〇一五年に七つの州からなる連邦制になった。連邦の区割りが大変だったのだろう。憲法発布に際し、当時の大統領は、

「わが国は、多民族、多言語、多宗教の国だ」

と述べている。

＊

「ネパール連邦民主共和国」の正体……山の麓《ふもと》。七つの州からなる　【21P】

アラブ首長国連邦　United Arab Emirates

略称UAEだ。ということは、ここでの「連邦」はUの「United」だ。Fではない。七つの首長国による連邦制だ。「アブダビ」「ドバイ」「シャルジャ」「アジュマン」「ウムアルカイワイン」「フジャイラ」「ラスアルハイマ」。

一番大きな「アブダビ」にある都市アブダビが、連邦全体の首都になっている。アブダビ首長国が連邦国土の八〇パーセント以上を占めるのだから、当然だろう。もっとも最近は、ドバイのほうが有名になってきたけど。

連邦の評議会は各首長国の首長で構成されるが、この二首長国（アブダビ、ドバイ）の権限が大きい。ま、そりゃそうだろう。

＊

「アラブ首長国連邦」の正体……アラブ民族の七つの首長国による連邦　【178P】

スイス連邦　Swiss Confederation

スイスは小さな国だと思っていたが、ここも連邦国家だったのか！

場所的にみれば、周辺を大きな国に囲まれている。なので、公用語は四つもある。囲んでいる隣接国のドイツ語、フランス語、イタリア語、そして地域色の強いロマンシュ語だ。当然、それぞれの言語で国名の呼び方が違う。シュヴァイツ（ドイツ語）、シュイス（フランス語）、シュヴィツェーラ（イタリア語）、シュビツラ（ロマンシュ語）。

とはいえ、だいたい似ている。最大公約数的な呼び名で「スイス」は、納得できる。元は、十三世紀にオーストリアからの独立運動のとき中心となったシュビーツ州に由来するという。その意味は「酪農場」。実にスイスのイメージ通りだ。

しかし、硬貨とか切手に四か国語の国名は、いずれも入らない。そこで共通して使用する国名は、ラテン語で「ヘルヴェツィア」。さらに違う呼び名だ！　小さい国なのに、国名が多い。

しかも、四つどころか二十六もの州による連邦制なのだ。山岳国家なので、分断された小さな地域が多く、それぞれに独自性が強いのだろう。

ここでの「連邦」の英語表記は、「Confederation」だ。

＊

「スイス連邦」の正体……酪農場。二十六の州からなる

ミクロネシア連邦　Federated States of Micronesia

太平洋の島嶼《とうしょ》国家だ。約六百の島々からなる。その内代表的な島は四つで、「ポンペイ島」（首都がある島）、「コスラエ島」「チューク島」「ヤップ島」。それぞれを中心とした四つの州での連邦制だ。

山岳国家と島嶼国家は、自然環境がまったく異なる。しかし、自然の境界（山、海）によって隔てられた地域の集合体という意味では似ている。島ごとに独自性が強くなるというわけだ。

国旗には四つの星が描かれているので、四州による連邦であることがわかりやすい。

＊

「ミクロネシア連邦」の正体……小さな島々。四つの州からなる【60P】

【連合】連合を名乗る国は三つある。

イギリス（グレートブリテン及び北アイルランド連合王国）

United Kingdom of Great Britain and Northern Ireland

この本では何度も出てくる国名。それほど、複雑な経緯でできあがった国家だというわけだ。国名通りに「グレートブリテン」と「北アイルランド」の連合ではなく、「イングランド」「ウェールズ」「スコットランド」と「北アイルランド」の連合だ。ここでは「United」と表記されている。日本語では「連合」だ。すでに見てきた「UAE」も「United」だったが、こっちは日本語で「連邦」だった。違いがよくわからない。

ちなみに、このイギリスを含む「英連邦」というものもある。こっちは「Commonwealth of Nations」と表記される。かつての大英帝国の植民地であった国家同士のゆるやかな連邦で、現在イギリスを含めて、なんと五十三か国もある（234P参照）。

＊

「イギリス（グレートブリテン及び北アイルランド連合王国）」の正体……イングランド、ウェールズ、スコットランド、北アイルランドの四つからなる【83P、159P】

タンザニア連合共和国　United Republic of Tanzania

アフリカの南東部だ。大陸部はタンガニーカという。これはコンゴ民主共和国との国境にあるタンガニーカ湖からの命名。意味は「水が集まる場所」というから、湖のことだ。有名なキリマンジャロ山がそびえる国土だ。元はドイツ領だったが、のちイギリス領となり、一九六一年に「タンガニーカ」として独立した。翌年「タンガニーカ共和国」となる。

一方、大陸の対岸には、ザンジバルという小島がある。意味は「黒い海岸」。ここもイギリス領となっていたが、一九六三年に「ザンジバル王国」として独立した。

その後、一九六四年に両国は一緒になった。最初はそのまま「タンガニーカ・ザンジバル連合共和国」という名前だったが、半年後、タンガニーカ＋ザンジバルの合成語として「タンザニア連合共和国」という国名になったのだ。山河大地命名＋海洋島嶼《とうしょ》命名だ。

大陸側のタンガニーカに二十六州、ザンジバル側に五州、合わせて三十一州による連合国家。

＊

「タンザニア連合共和国」の正体……タンガニーカ湖（水が集まる場所）とザンジバル島（黒い海岸）の合成語。三十一州からなる

コモロ連合　Union of Comoros

アフリカの東岸。大きなマダガスカル島の北西に点在する諸島。生きた化石・シーラカンスが生息する海域で有名。

むかし、アラブ人が海の中にこの島を発見した時、古代ギリシャで伝説の地とされた「月の山」だと思い込んだ。月の山とは、ナイル川の源流があるとされた場所だ。「山」はジェベル、「月」はエル・コムル。このコムルがコモロになった。むかしの人の思い込みのおかげで、ロマンチックな国名になった。

四つの島からなっている。アンジュアン島、グランドコモロ島、モヘリ島、それぞれに自治政府があり、それらによる連邦制だ。もう一つあるマヨット島に対しても領有権を主張しているが、ここは旧宗主国フランスの海外県として認知されている。

＊

「コモロ連合」の正体……月。三つの島の自治政府からなる

【合衆国】合衆国を名乗る国は二つある。

アメリカ合衆国 United States of America

北アメリカ大陸にあった十三の植民地が、一七七六年、イギリスからの独立を宣言した。この時、十三州は独立宣言で「United States of America」と名乗った。つまり、「アメリカ大陸における連邦国家」というわけだ。略称は、もちろんＵＳＡ。

このＵはUnitedで、ここまで見てきたアラブ首長国連邦（ＵＡＥ）、イギリス（グレートブリテン及び北アイルランド連合王国）、タンザニア連合共和国と同じ。だったら「アメリカ連邦」や

なのか？「アメリカ連合」と訳してもよさそうなものだが、なぜか「アメリカ合衆国」と呼ぶ。どうして
日本にペリーがやってきて、嘉永七年（一八五四）に「日米和親条約」が結ばれる。その正式名称は「日本國米利堅合衆國和親條約」。「米利堅」は「メリケン」でアメリカのことだ（やがて「米国」と略される）。ここですでに「合衆国」となっている。かなり早くからこの訳語なのだ。

「合衆」は、意味からすると共和制や民主主義になるわけで、「合衆制度で治める国」という意味で合衆国になった、という説がある。

中国は一八四四年、「望廈《ぼうか》条約」（アヘン戦争の結果イギリスと結んだのとほぼ同じ内容をアメリカと結んだ）で、衆人が協力して運営する国という意味で「合衆国」という言葉を使っている。これが日本でも使われるようになった、という説もある。

いや、複数の州が集まってできた国だから単純に「合州国」。これが誤記されて合衆国になった、という説も。

いろいろあって、よくわからないのだ。

ちなみに、アメリカ合衆国唯一の全国的な警察機関が、有名なＦＢＩ。日本語では「連邦捜査局（Federal Bureau of Investigation）」だ。合衆国捜査局ではない。経済ニュースでよく出てくるアメリカのＦＲＢ（日本でいえば日銀みたいなもの）は、日本語では「連邦準備制度理事会（Federal Reserve Board）」。合衆国準備制度理事会ではない。国の全土にかかわるものは、たいてい「連邦（Federal）」なのだ。なのに国名は、連邦ではなく合衆国。

アメリカ合衆国は、五十の州と一つの特別区（首都ワシントンD.C.）から構成されている。それぞれの州は国家であって、州憲法もある。詳細を知れば知るほど、訳語はアメリカ連邦のほうがいい気がしてくる。

＊

「アメリカ合衆国」の正体……五十の州と一つの特別区（首都ワシントンD.C.）と、海外領土からなる【111P】

メキシコ合衆国　United Mexican States

メキシコも合衆国であることを、この本を書いて初めて知った。

元々、アステカ王国が栄《さか》えた場所だ。スペインに征服され、一八二一年に独立する時、アステカ族の守護神メヒクトリ（Mexictli）にちなんで国名をつけた。意味は「神に選ばれし者」。

ここも「United」だが、日本語では合衆国。三十二の州によって構成される。たいていの連邦国では、首都は州とは別の直轄《ちょっかつ》特別区という位置付けだ。首都・メキシコシティもかつてはそうだったのだが、二〇一六年に三十二番目の州になった。

しかし、あまりに強大なアメリカと長い国境を接している。しかも過去に戦争をして、テキサスやカリフォルニアなど国土の三分の一をアメリカに取られたのだ（のち、テキサスには油田が発見され、カリフォルニアはゴールドラッシュに沸《わ》く）。最近ではアメリカのトランプ大統領が「メキシコとの国境に壁を築く」と、ひどい発言をしている。

そのアメリカと同じ「United States（合衆国）」を名乗っているのは、どうも癪《しゃく》に障《さわ》る。ただの「メキシコ」に改名したい……という心理は、以前からずっと続いているようだ。

＊

「メキシコ合衆国」の正体……守護神メヒクトリ（神に選ばれし者）。三十二の州からなる

「Union」「United」「Federal」「Federation」「Confederation」「Commonwealth」……。

さまざまな英語表記が、日本語では「連邦」「連合」「合衆国」と訳されていた。しかも、各言葉が一対一で対応しているわけではなく、訳し方のルールがあいまい。いいかげんなものだ。いや、実はその前に、その国の言葉での表記がある。

Федерация（ロシア語）→Federation（英語）→連邦（日本語）

Bundesrepublik（ドイツ語）→Federal Republic（英語）→連邦共和国（日本語）

Unidos（スペイン語）→United（英語）→合衆（日本語）

……なのだ。それぞれの国ごとに、独自な連帯と分権の仕方をあみ出しているのだろう。それを英語に変換する過程でズレが生じ、日本語にするとまたズレが生じる。日本語では同じ「連邦」や「連合」「合衆国」になっていても、実態はそれぞれ違うはずだ。

さらに、国名でわざわざ謳《うた》ってはいないが連邦制をとっている国だって、けっこうある。たとえば、インド、カナダ、マレーシア、ベルギー……など。当然これらも、一国ごとに実態は違う

だろう。
結局どの国も「独立性の強い地域（国、州、自治州、自治区などと呼ばれる）の連合体としての国」という点が同じだけだ。訳し方のルールがあいまいで、いいかげんに見えるのもしかたない。
ちなみに、一国ではないが「英連邦（Commonwealth of Nations）」というのも有名。コモンウエルスだ。イギリスと、かつて植民地だった国からなる緩《ゆる》やかな連邦で、現在五十三か国ある。その中にさらに「英連邦王国（Commonwealth realm）」というものもあるから、ややこしい。これはイギリス国王を君主として戴く同君連合で、現在十六か国。
（北米）……カナダ
（中米）……ベリーズ
（カリブ海）……ジャマイカ／バハマ／セントクリストファー・ネービス／アンティグア・バーブーダ／バルバドス／セントルシア／セントビンセント及びグレナディーン諸島／グレナダ
（オセアニア）……オーストラリア／ニュージーランド／パプアニューギニア／ソロモン諸島／ツバル
そして、イギリス
同じく一国ではないが、ＥＵは「European Union」の略。こっちはユニオンだ。日本語では欧州連合と訳される。ここに参加しようとしてもめる国もあれば、入ってもめる国もあれば、離脱を決めたはいいがもめている国もある。
民族自決の原理によってさまざまな国が生まれた。それによって植民地や、強国による弱小国支配を少なくすることができた。しかし民族は、地域、言語、宗教、歴史、文化……など、さまざまな要素で分けられ、しかも要素ごとに別の分け方だってできる。小さな差異を気にし始めると、どんどん細分化していってしまうのだ。

同じ仲間でまとまったほうがいい反面、違う連中とも一緒にやったほうが平和的で大きなことができる。両者のバランスをどうとるかで、各国はさまざまな制度と言葉をあみ出してきたのだろう。「地球連邦」への道は、まだ遠い……。

……さて、日本は？

明治以降、中央集権を進めてきたので、連邦でも連合でもない。しかしそれ以前の江戸時代、三百近くある諸藩は、それぞれが別の国だった（江戸時代、正式には藩という言い方をしていないけど）。徳川《とくがわ》家と各大名家（各藩）は主従なのか、朝廷から見れば同格で序列が違うだけなのか、実はあいまいな状態だった。

譜代《ふだい》大名は徳川家の家来だが、（関ヶ原の戦い前後に従うことになった）外様《とざま》大名はちょっと違う。元々同格だったが、いまは各大名の中で群を抜いて強大な徳川家を中心にしてまとまっているだけ、という意識だ。

ともあれ、実質的には徳川将軍がこの国の王様だったわけだから、イギリス「英国（UK＝United Kingdom）」風に言うならば、「日本国（US＝United Shogunate〈将軍国〉）」か？　あるいは、「アラブ首長国連邦（UAE）」風に言うならば、「日本藩主国連邦（UNH）」か？

第十章 旧ソ連と東欧

EASTERN HEMISPHERE or THE OLD
ATLANTIC
WESTERN OCEAN
SOUTH AMERICA
AFRICA
Gulf of Guinea
ÆTHIOPIC OCEAN
SOUTHERN or ÆTHIOPIC
Tropic of Capricorn
SELENOGRAPHY or A MAP of THE MOON according to Father Riccioli
Siberia
Russian Tartary
FROZEN SEA
The VICISSITUDE of

かつてあった「ソ連」が解体して、日本人にとっては「馴染《なじ》みのない国名」がたくさん増えた。と同時に、東欧ではユーゴスラビアが解体。ここもまた、日本人にとっては馴染みのない国名に分裂した。しかも独立にいたって紛争が続いたので、「それは地域名なのか？ 民族名なのか？国名なのか？」とわかりにくい。

しかし、場所ごと、名前ごとに把握すると、比較的理解しやすい。なにしろ国名には意味があるのだから。

【旧ソ連】 ソ連は、一九二二年から一九九一年まで存在した。当時十五の共和国からなる連邦国家だったので、解体後には十五の独立国家が生まれた。まずは、依然として世界最大の面積を誇るロシアだ。

ロシア連邦 Russian Federation

旧ソ連の七六パーセントを占めていた。地図で見ると、あきれるほど広い（とくにメルカトル図法だと）。が、大半が北にあるので、常に不凍港を求める歴史的な宿願も有名だ。東はウラジオストクで日本海へ、西はセヴァストポリで黒海《こっかい》へ。このセヴァストポリがあるクリミア半島で、同じ旧ソ連であったウクライナと領有権をめぐってもめている。

ロシア帝国→ソ連→ロシアなのだが、日本との関係を示す時は日露→日ソ→日ロと表記を変えている。日ロと日口は見分けにくい（日口なんて言葉はないけど）。

ロシアの意味は、ルーシ族。意味は「オールを漕《こ》ぐ人」。

＊

「ロシア」の正体……ルーシ族（オールを漕ぐ人）【218P】

そして、バルト海に面したバルト三国。みんな、ラテン語の地名接尾辞「〜ア」がつく。

エストニア共和国　Republic of Estonia

旧ソ連の西の端。バルト三国の一つ。三段並んだ一番北にある。

国名の意味は、ソ連から見ての「西」ではなく、ヨーロッパから見ての「東」。

＊

「エストニア」の正体……ヨーロッパの東【74P、135P】

ラトビア共和国　Republic of Latvia

バルト三国の一つ。真ん中にある。

首都のリガは「バルト海の真珠」と呼ばれる、古く美しい港町。ということは古くから栄《さか》えていたというわけで、当然周辺諸国に侵略される。十三世紀、ドイツ騎士団に侵略され、十七世紀、スウェーデンとポーランドによって国土が分割される。十八世紀前半、ロシア帝国領にされる。第一次大戦後の一九二〇年に独立。しかし一九四〇年、今度はソ連に併合される。ようやく一九九一年に独立した。東に強大なロシア（ソ連）を持ち、西には強いヨーロッパ諸国を持つという地勢だ。比較的小さなバルト三国は、だいたい似たような歴史をたどっている。

国名の意味は「砂地」という説や「曲がりくねった川」という説もあるが、不明。ラトビア人に由来する。

＊

「ラトビア」の正体……ラトビア人の国。砂地、曲がりくねった川という説もある

リトアニア共和国　Republic of Lithuania

バルト三国の一つ。一番南にある（実はもう一つ南に、小さくロシアの飛び地がある）。

国名の意味は、国内を流れるネマン川の上流を、古くはリエタ（流れ）と呼んだのが由来とされる。

＊

「リトアニア」の正体……（川の）流れ【28P】

さらに、バルト三国から南に下って黒海《こっかい》に至る三つの国。

ベラルーシ共和国　Republic of Belarus

ソ連時代は「白《はく》ロシア」と呼ばれた。ベラが白で、ルーシがロシアだから、そのままだ。しかし何が白いのかは、よくわからない。空、肌の色……などの説があるが、不明。かつてモンゴル帝国が、かのチンギス・ハンの命によってこのあたりまで侵攻してきた。西のモスクワ周辺は支配下に入ったが、現在のベラルーシはまぬがれた。そこで、黒（負けちゃった）ルーシと、白（独立を守った）ルーシと呼ばれた、ともいわれる。いま風の表現だと、黒歴史か。なので、白は「自由、高貴」という意味だという。

＊

「ベラルーシ」の正体……白いロシア

ウクライナ　Ukraine

南は黒海《こっかい》に面している。東欧から見れば「辺境」にあたる。なので、その意味の言葉が国名になった。元ソ連だったロシアと、黒海のセヴァストポリとクリミア半島の領有権をめぐってもめている。

＊

「ウクライナ」の正体……辺境【89P】

モルドバ共和国　Republic of Moldova

黒海《こっかい》のそば。北と東と南はウクライナに囲まれている。国名の由来は、スラブ語で「黒い川」という意味のモルドバ川。

＊

「モルドバ」の正体……モルドバ川（黒い川）【24P】

今度は、黒海《こっかい》の東とカスピ海との間に挟まれた地域に、三つの国がある。

ジョージア　Georgia

中央アジア。黒海《こっかい》とカスピ海に挟まれた場所にあり、黒海に面している。独立以来「グルジア」という国名だったが、二〇一五年に「ジョージア」という呼び方に変わった。旧ソ連だったのに、急にアメリカっぽい名前になった。しかし、（綴《つづ》りも発音も同じの）アメリカ・ジョージア州はイギリス国王ジョージ二世に由来し、こちらのジョージアはキリスト教の守護聖人・聖ジョージア（ゲオルギウス）に由来する。まったく関係ない。

この国の北部に「南オセチア」があり、ロシア側の「北オセチア」と接している。なので南オセチア紛争（グルジア・ロシア紛争）がおきた。そりゃ、ロシア語読みのグルジア（Gruziya）を、英語読みのジョージア（Georgia）に変えたいわけだ。

ちなみに、この聖ジョージアはサン・ジョルディとも呼ばれる。スペインでは、サン・ジョルディの日は「本の日」とされる。日本でも一時「サン・ジョルディの日に本を贈りましょう」キャンペーンをやっていたが、まったく定着しなかった。

＊

「ジョージア」の正体……守護聖人・聖ジョージア（サン・ジョルディ）

アルメニア共和国　Republic of Armenia

中央アジア。黒海《こっかい》とカスピ海に挟まれた場所にあるが、どちらにも面していない内陸国。国名は、アーリア系アルメニア人という民族名に由来する。彼らは自らの国を、ハイ族の国「ハイスタン」と呼ぶ。

＊

「アルメニア」の正体……アルメニア人の国 【129P】

アゼルバイジャン共和国　Republic of Azerbaijan

中央アジア。黒海《こっかい》とカスピ海に挟まれた場所にあり、カスピ海に面している。

あのアレキサンダー大王の時代にアトロパテスという人がいた。彼の国は、アトロパテネ王国という。これが現在のアゼルバイジャンの語源……というから、紀元前三百年代に由来を持つ古い名前だ。

アトロパテネの意味は「火の国」だという。アトロパテスはゾロアスター教（拝火教）だったし、この地には有名なバクー油田があって昔から石油や天然ガスが噴き出てきた。火の国と呼ばれるのは納得がいく。

＊

「アゼルバイジャン」の正体……古代アトロパテネ王国（火の国）

そしてさらにカスピ海の東で、中国との間に広がる中央アジアの国々。ここは「～スタン」だらけだ。

カザフスタン共和国 Republic of Kazakhstan

旧ソ連の中で、ロシアに次いで大きな面積の国。とはいえ、その面積比は六倍以上。旧ソ連では、ロシアがいかに突出していたかがよくわかる。中央アジアに位置する。西の端でカスピ海に面しているが、湖なので、海ではない。なので、世界最大の内陸国だ。

「～スタン」はペルシア語で「～の国」という意味だ。中央アジア（ペルシア＝イランの北方）に位置するこのあたりの旧ソ連国は、みんな「～スタン」という国名になっている。似ているので、紛《まぎ》らわしい。旧ソ連ではないが、周辺のアフガニスタン、パキスタンもそうだ。それを嫌《いや》がって最近は、改名に関する噂《うわさ》もチラホラ出ているようだ。国名より先に、二〇一九年、首都名をアスタナからヌルスルタンに変えてしまった。

意味は、カザフ族の国。カザフは「独立」「自由」とか「放浪する」という意味。遊牧民らしい言葉だ。ロシア語では「コサック」。コサックダンスで有名だ。

＊

「カザフスタン」の正体……カザフ（独立、自由）族の国

ウズベキスタン共和国　Republic of Uzbekistan

カザフスタンの南で、意味はウズベク族の国。では、ウズベクとは？　チンギス・ハンの長男ジュチがこの地にやってきたのを起源として始まったのがキプチャク・ハン国。その末裔《まつえい》にウズベク・ハンという族長がいて、それが由来だという。だから、人名国家でもあるわけだ。

もちろん内陸国だ（アラル海に面しているが、ここは湖。しかも近年どんどん縮小しており、このままでは近年に干上がると予想されている）。そして、この国を囲んでいる国々もまた、すべて内陸国。ということは、ウズベキスタンから海に出るには最低二つの国境を越えなくてはならない。こういう国を「二重内陸国」という。現在は、このウズベキスタンとリヒテンシュタインのみが、そうだ。

＊

「ウズベキスタン」の正体……ウズベク族の国

トルクメニスタン　Turkmenistan

ウズベキスタンのさらに南。もう一つ南にいくと、旧ソ連とは関係のない、イランとアフガニ

スタンになる。

意味はテュルク族の国（トルコと同じ）。

＊

「トルクメニスタン」の正体……テュルク族の国　【148P】

タジキスタン共和国　Republic of Tajikistan

そのテュルク族が、この地にいるイラン系の民族をタジク族と呼んだ。タジク族の国だからタジキスタンだ。

では、タジクとは？　「冠」だという。だから意味は、「冠をかぶった人たちの国」だ。たしかに、タジキスタンに限らずこの周辺にすむ人々は、民族衣装として帽子をかぶっている。あのことだろうか？

この国の東半分はパミール高原の一部で、中国に接する。

＊

「タジキスタン」の正体……タジク族の国（冠をかぶった人たちの国）

キルギス共和国　Kyrgyz Republic

ソ連崩壊後、ここも国名はキルギスタンだった。が、一九九三年、キルギスに変更した。おかげで、周辺の「〜スタン」諸国との差別化がついた。もっとも、キリバスとは似てしまったが。

「キル」は草原という意味で、これが国名の語源だという説がある。国を構成する四十の部族のことで、「四十」という意味の「クルク」が語源だという説もある。

東にある中国との国境は天山山脈。それを越えた中国は、タクラマカン砂漠となる。

＊

「キルギス」の正体……四十の部族。草原の国【139P】

ソ連解体に伴って、東欧でも解体した国がある。

【旧ユーゴスラビア】なにせ場所が「ヨーロッパの火薬庫」と呼ばれるバルカン半島だ。第一次世界大戦後、一九一八年に「セルビア人・クロアチア人・スロベニア人王国」という国ができたが、もうこの国名で、すでに分裂の予感を含んでいる。一九二九年、「ユーゴスラビア王国」に改名。日本語では「ユーゴス・ラビア」と発音しがちだったが、正しくは「ユーゴ・スラビア」。意味は「南スラブ民族の国」だ。略した時は「ユーゴ」と呼んでいたが、あれは単に「南」と言っていたことになる（方角命名の国名だったのだ）。

第二次世界大戦後の一九四五年に「ユーゴスラビア連邦人民英和国」となり、一九六三年に「ユーゴスラビア社会主義連邦共和国」になった。当時から「七つの国境、六つの共和国、五つの民族、四つの言語、三つの宗教、二つの文字、一つの国家」と言われていたのだ。全体をまとめていたチトー大統領が死に、社会主義のタガがはずれてしまえば、当然のごとくバラバラになる。

スロベニア共和国　Republic of Slovenia

北はオーストリア、西はイタリアに接しているから、元々西欧に一番近い場所に位置した東欧だった。

スロベニアは、ユーゴ・スラビアから「南」がとれた「スラブ民族の地」という意味。旧ユーゴスラビア内では一番北にある。

一九九一年独立。クロアチアと同時に、独立を宣言した。

＊

「スロベニア」の正体……スラブ民族（南スラブ人）の地。セルビア（南スラブ人）、スロバキア（西スラブ人）と、ほぼ同じ　【143P】

クロアチア共和国　Republic of Croatia

そのスロベニアの南にある。西南の海岸はアドリア海に面し、その向こうはイタリアだ。

クロアチアの意味は、スラブ語で山を意味する「gora」が元になっているので「山の民」だといわれるが、よくわからない。地図を見ると、アドリア海に面した海岸線が長く、あまり山っぽくはないが。

もっとも、地元ではクロアチアではなく、自国をフルヴァッカと呼ぶようだ。

一九九一年独立。スロベニアと同時に、独立を宣言した。

＊

「クロアチア」の正体……山の民

北マケドニア共和国　Republic of North Macedonia

旧ユーゴスラビアでは一番南に位置する。その南に隣接するのがギリシャ。そのせいで国名は二転三転することになる。

一九九一年、「マケドニア共和国」として独立。しかし、古代に同じマケドニアだったギリシャからクレームが入る。

一九九三年、「マケドニア旧ユーゴスラビア共和国」という暫定《ざんてい》呼称となる。

二〇一八年、ギリシャも同意して、「北マケドニア」になる。ギリシャから見れば北だが、旧ユーゴスラビアから見れば南だ。「マケドニア」の意味は、「高地の人」。

＊

「北マケドニア」の正体……古代マケドニア（高地の人）の北地域　【81Ｐ】

ボスニア・ヘルツェゴビナ　Bosnia and Herzegovina

ボスニアはなんとなく国名っぽいが、ヘルツェゴビナというのは日本人の感覚として国名っぽくない。間に「・」が入っている理由も、よくわからない。

国土の北地域がボスニアだ。そこを流れるボスナ川からきている。意味は「流れる水」というから、要するに単に「川」だ。

よくある山河大地命名で、かつてはこの地域だけでまとまっていた。

国土の南地域がヘルツェゴビナだ。かつてこの地域は「フム」と呼ばれていた。やがて、ボスニアの支配下に置かれる。山国ボスニアは、はじめて海（アドリア海）への出口を持ったのだ。十五世紀にそこから離れて独立の国家になる。この時、支配者ブクチッチは「公」を称号とした。「公」はハンガリー語で「ヘルツェグ」、ドイツ語で「ヘルツォーク」。ここからヘルツェゴビナという地名が生まれる。だから「公爵領」であり、いわば「公国」だ。支配者の名前ではなく称号だけが残るという珍しい例だ。しかし結局またボスニアの支配下に入り、やがてまとめてオスマン帝国の支配下に置かれるのだが（四百年も！）。

つまり「ボスニア」と「公国」は別のものなのだ。過去に「ボスニア公国」というものはなかったわけだから、英語では「and」だし、日本語では国名に「・」が入っているのか！

その後、オーストリア・ハンガリー帝国に組み込まれ、やがてユーゴスラビアに組み込まれる。こうした歴史と、いまも国名の中に「・」が入っていること、首都がサラエボ（サラエボ事件で有名）であることから、そりゃ独立後も色々もめるだろうとは思う。

一九九二年独立。しかし、内戦状態（ボスニア紛争）に入る。「民族浄化」という怖ろしい言葉も生まれた。ようやく一九九五年に停戦した。

＊

「ボスニア・ヘルツェゴビナ」の正体……ボスナ川と（別の）公国

セルビア共和国 Republic of Serbia

ユーゴスラビアの首都ベオグラードは、現在この国の首都だ。ということは、旧ユーゴスラビア時代から、この地域の中心地だったということ。セルビア人の国だからセルビア共和国……なのだが、このセルビアだって、元をたどればスラブ民族から来ている。

だからスロベニア（スロベニア人の国）も、セルビア（セルビア人の国）も、その周辺国もまとめて、あえてユーゴスラビア（南スラブ民族の国）という大きな括《くく》りにしたのだろう。しかし、五つの（小）民族（スロベニア人、クロアチア人、マケドニア人、セルビア人、モンテネグロ人）と、四つの言語（スロベニア語、クロアチア語、マケドニア語、セルビア語）と、三つの宗教（ギリシャ正教、カトリック、イスラム教）とが複雑に交錯し、うまくいかなかったわけだ。

前項までのスロベニア、クロアチア、北マケドニア、ボスニア・ヘルツェゴビナが次々と独立後も、「ユーゴスラビア連邦共和国」を名乗っていたが、さすがにもう国名と実体とが合わなくなってきた。そこで……

二〇〇三年、国家連合であるセルビア・モンテネグロに改称。

二〇〇六年、そこからモンテネグロが平和的に独立し、セルビアとなる。

＊

「セルビア」の正体……スラブ民族（南スラブ人）の地。スロベニア（南スラブ人）、スロバキア（西スラブ人）と、ほぼ同じ【143P】

モンテネグロ　Montenegro

二〇〇三年に「セルビア・モンテネグロ」に、二〇〇六年にはさらに「セルビア」と「モンテネグロ」に分かれた。意味は「黒い山」。それをイタリア語で「モンテ・ネグロ」と呼ぶ。アドリア海の反対側には、イタリアがある。

＊

「モンテネグロ」の正体……黒い山（ロブチェン山）【17P】

コソボ共和国　Republic of Kosovo

セルビアの南にある。もっとも、セルビア内ではコソボ自治州という扱いで、独立を認めていない。しかし国連の多くの国は認めているし、日本も認めている。

十四世紀末、セルビア王国を中心とするバルカン勢力とオスマン帝国が、コソボ平原で戦った。この平原が国名の由来だから、山河大地命名ではある。では、そのコソボの意味は？

第四章で書いたように、ツグミの仲間でクロウタドリという小鳥がいて、ヨーロッパでは春の訪れを感じさせる鳥だという。マザー・グースの「六ペンスの唄」に出てくる二十四羽の黒ツグミや、ビートルズの「ブラックバード」は、この鳥のこと。現地では「コス」と呼ぶ、なので「コソボ平原」は「クロウタドリの平原」という意味になるようだ。動植物命名でもある。

なんとも平和的な名前のわりに、ヨーロッパとオスマンとの接点に位置し、複雑な民族の旧ユーゴスラビアからの独立で紛争が続くのは悲劇だ。かつて「六つの共和国」と言われたが、分裂後は「七つの共和国」になってしまった。
二〇〇三年、セルビア・モンテネグロに改称。
二〇〇六年、そこからモンテネグロが平和的に独立し、セルビアとなる。
二〇〇八年、そのセルビアの自治州から独立（セルビアは認めていない）。

＊

「コソボ」の正体……クロウタドリの平原の国【97P】

東欧ではもう一つ、分裂した国がある。旧ユーゴに比べ、こっちはわかりやすい。

【旧チェコスロバキア】元々「チェコ」と「スロバキア」という別の国だった。が、なにせすぐ側には、ハプスブルク家のオーストリアがある。チェコはオーストリア・ハンガリー帝国の中に組み込まれる。スロバキアはその前からハンガリーの支配下に入っていた。

しかしやがて、同じスラブ系民族である両国は、一つの民族として独立すべきだという民族自決の「チェコスロバキア主義」が起こる。そして第一次世界大戦後の一九一八年、ついに「チェコスロバキア共和国」として独立したのだ。第二次世界大戦後、それが社会主義の「チェコスロバキア社会主義共和国」となる。が、ここもまたソ連の解体にあわせ、元の二つの国に戻る。

チェコ共和国　Czech Republic

チェコの意味は「最初に来た人」だという。どこに？　ボヘミア地方に、だ。つまり、最初にこのあたりにやってきて定住したスラブ民族ということだ。

同じスラブ民族の、その名もスロバキアと、民族自決で一緒になったのがチェコスロバキアだった。過去にオーストリアやハンガリーという大国に支配されたので、

「一緒になって大きくまとまれば、周辺国に手出しされないだろう」

という思惑《おもわく》があったのだ。が、第二次世界大戦中はナチスドイツによって分断されたり、戦後はソ連によって共産化されたりで、合併によるスケールメリットはあまりなかったのではないか？

一九八九年、ベルリンの壁崩壊を受けての「ビロード革命」で共産党体制が崩壊。一九九三年には、チェコとスロバキアに分離した。これは「ビロード離婚」と言われた。

＊

「チェコ」の正体……最初に来た人

スロバキア共和国　Slovak Republic

ビロード離婚でチェコと分かれて、独立したのがこの国。

国名の意味は「スラブ民族の地」で、これは旧ユーゴスラビアのスロベニア、セルビアとも同じだ。もっとも、チェコだってスラブ民族なのだが。

＊

「スロバキア」の正体……スラブ民族（西スラブ人）の地。スロベニア（南スラブ人）、セルビア（南スラブ人）と、ほぼ同じ【143P】

古今東西、小さな国は似た者同士が一緒になったり、あるいは征服したりされたりして大きな国になってきた。民族、言語、宗教が多少違っていようとも、生き残るためにはそれを乗り越えて一緒になったほうがいい。大国になれば周辺国に睨《にら》みがきくし、外敵に侵略されにくいからだ。その気持ちはわかる。

ソ連が存在した期間は一九二二年～一九九一年の六十九年。ユーゴスラビアは一九二九年～一九九一年の六十二年。チェコスロバキアは一九一八年～一九九三年の七十五年。だいたい六十～七十年程度だから、ほぼ二世代だ。

複数の国が一緒にまとまっても、二世代程度だと、まだ別々だった時の記憶が人々に残っている。生まれた時から一つの国だった世代がすっかり成人しても、彼らは親から「私が若い時は別々の国だった」という話を聞いて育っているのだ。なので、まとまるための要因（外敵、イデオロギー、強力な指導者など）がなくなってしまえば、簡単に元のバラバラに戻るということだろう。「我々は同じ国に生まれ育った仲間だ」という感情が自然に芽生えるには、少なくとも百年程度（三世代）は必要なのではないか？

この章の冒頭に「馴染《なじ》みのない国名がたくさん増えた」と書いた。しかし、それはあくまで「日本人にとっては」の話だ。ソ連やユーゴスラビアが解体されて名乗るそれぞれの新国名は、元々あった名前だ。それまでも、国内ではそういう地域名だった。多くの日本人はそこまで詳しくなかったので、突然表に出てきた「アゼルバイジャン」とか「ボスニア・ヘルツェゴビナ」という言葉に、馴染みがないだけだ。社会主義国家の情報はあまり外に出てこなかったし、我々も興味がなかったという理由もあるけれど。

これが、たとえばイギリスからスコットランドが独立したらどうだろう？　スペインからカタルーニャ州が、カナダからケベック州が、アメリカからカリフォルニア州が独立してそれらが新国名になったら？　どれも前から聞いたことのある有名な地名だから、日本人でもさほど違和感は覚えないと思う。

……さて、日本は？

いま、日本のどこかの地域が独立しようという動きはない。しかし、もしも独立して「九州国」や「北海道共和国」なんて名乗った場合、日本人的にはその名前に違和感はない。だが世界は、「Kyusyu」や「Hokkaido」という新国名に、「馴染みがない名前だ」と思うだろう。まあ、同じことだ。

前章で、江戸時代までの日本は「ＵＮＨ（日本藩主国連邦）」だったとも言えると書いた。明治になって、いま我々が思う国土（北海道から沖縄まで）を一まとめにした「日本」になったのだ。

とはいえ、北海道は、江戸期まではずっと蝦夷地《えぞち》と呼ばれていた。江戸幕府が蝦夷地の北部までを（自分たちと同じ国内として）視野におさめるのは、ようやく十九世紀の初め頃だろう。明治初年では、まだ六十〜七十年くらいしか経っていなかったのだ。当時、榎本武揚《えのもとたけあき》が北海道独立を考えたのも、そう突飛ではない発想だ。

沖縄の場合はもっとハッキリと、元々琉球《りゅうきゅう》王国だった。中国と、日本の薩摩《さつま》（日本藩主国連邦の中の一国）との両方に属するという、微妙な国家運営を行ってきた。そういえば、沖縄の方言で本土の人のことを「ヤマトンチュ」と言う。「大和」だ。大和は、のち日本になっていく国名だ。そう呼ぶということは、琉球は大和ではないということだ。

大和ではないかもしれないが、日本ではあってほしい。明治になって「日本国」にまとまった明治政府は、まず琉球王国を琉球藩とし、次に琉球藩を沖縄県にした（「琉球処分」）。明治十二年（一八七九）だ。

それから六十〜七十年経った時期（二世代程度）は、第二次世界大戦末期の沖縄戦と戦後のアメリカ軍政下だ。日本本土は沖縄のことを、沖縄は日本本土のことを、どう思っていたのだろうか？

あとがき〜さて、日本は？

世界の国名を見てくると、由来とは別に気付くことがいくつかある。

まず、国名とは「我が国はこういう名前だ」と自らが決めて周辺諸国に名乗るもの……と思っていたが、そうではないケースも多いのだ。

一　誰がその国名を決めたのか？（命名者問題）

A　他者に呼ばれた名前が国名になる

典型的なのがアフリカや中南米だ。ヨーロッパ列強がやってきて、勝手に名前をつける。たいていは、まず植民地名になり、のち独立した時は、それが国名になる。山の形がライオンに似ているから「シエラレオネ」とか、ザクロが実っていたから「グレナダ」とか。時代を遡《さかのぼ》れば、そのヨーロッパの「イタリア」「スペイン」も、実は同様だった。先住民に「ここはなんという名前だ？」と聞いてその答えで名付ける場合もある。ガンビア（川）、チャド（湖）、カナダ（村）など、結果的に一般名詞が国名になってしまう事もあって面白い。

B　国名の二本立て

国外では、他者がつけた国名（外名）で呼ばれてもいい。それはそれとして、自国内では別の呼び方をしているケースもある。「ギリシャ（ヘレス）」「フィンランド（スオミ）」「ハンガリー（マジャール）」「アルバニア（シュチパリア）」など。「ジャパン（日本）」もそうだ。

C　他者につけられた国名が気に入らないので改名する

植民地支配から脱して独立した場合、宗主国色が濃い名前は、やはり嫌《いや》だろう。そこで改名する。「旧スワジランド→エスワティニ」「旧オートボルタ→ブルキナファソ」「旧セイロン→スリランカ」など。植民地ではないが、「旧グルジア→ジョージア」もそうだろう。

次に、ふだんは見過ごす「〜王国」とか「〜共和国」といった政体。それが国名に入っているケースと、入っていないケースがあるのだ。

二　フルネームかハダカか？（政体表記問題）

A　フルネーム国名

広い国土に住む多様な人々をまとめるのだから、国には統治のルールが必要。つまり政体だ。「〜王国」「〜公国」や「〜共和国」「〜連邦」といった政体をあえて国名に表記することで、世界に対して「ウチはこういう国です」と宣言する。一方でこれは、国内の国民に対する宣言でもある。「ボリビア多民族国」などその色が強そうだ。

B　ハダカ国名

政体を表記していない国もある。「カナダ」「ウクライナ」「マレーシア」など。「日本」もそうだ。国なんだから、当然なんらかの政体はある。わざわざそれを名乗る必要はないという判断なのか、それとも名乗らないほうがうまくいくという大人の事情とか思惑《おもわく》なのか？　名乗るにも意味があるが、名乗らないにも意味があるのだ。たぶん。

さらにもう一つ、日本人は世界の国名のほとんどをカタカナで認知する。わかりやすい反面、その国名の多くは四重構造になっていることに気付きにくいのだ。

三　カタカナ国名の長所と短所（国名の四層構造問題）

①カタカナ国名←②その元になった英語表記での国名←③その元になった現地語表記での国名←④その元になった国名の意味や由来……なのだ。二段階や三段階も翻訳されているので、①を知っただけで④はまずわからない。当然だろう。

では、「日本」という国名はどうなのか？　ここまでの各章末も振り返りつつ、まとめてみよう。この国はまず、中国の資料に「倭《わ》」として登場する。

「楽浪《らくろう》海中に倭人あり、分かれて百余国をなす」『漢書』地理志（紀元前一世紀頃）

漢字が日本に入って来たのは一世紀頃。でもまだ模様みたいな感覚だ。三世紀には文字として伝わり、本格的に伝来したのは五世紀はじめ頃という。だから紀元前一世紀のご先祖が、「我々の国は倭という」なんて名乗るわけがない。「倭」は中国によってつけられた国名。つまり、前述《一のA　他者に呼ばれた名前が国名になる》なのだ。

その「倭」の由来は不明。日本人の一人称である「わ（吾）」から来たのではないかという説もある。ガンビア（川）、チャド（湖）、カナダ（村）のパターンだ。そうかもしれないが、そんな大昔のことはよくわからない。

中国の資料ではその後も、倭国という国名で日本の記述が続く。一方国内では、ヤマト王権がしだいに大和朝廷《やまと》になって全国を治めていく。鎌倉時代末にできた『釈日本紀《しゃくにほんぎ》』（『日本書紀』の注釈書）には、こうある。

「磐余彦天皇《いわれひこのすめらみこと》（神武天皇《じんむ》）天下を定め、大和国に至りて王業を始めて成る。仍《よ》りて王業成るの地を以《もっ》て国号と為《な》す」

もちろん神話時代の話だ。当然、文字もない。だけど、自分たちの国を「ヤマト」と呼んでいたという。広義のヤマトだ。それを中国は倭国と名付けた。なので、「倭」や「大倭」と書いて「ヤマト」と読むようになる。音《おん》と訓《くん》があるのは便利だなあ。

のちに、「倭」と同じ音で雅《みやび》な意味を持つ「和」という漢字を使って「大和」を「ヤマト」と読むようにもなる。それに少し先立つ天武天皇《てんむ》の頃、国名が「日本」になったようだ。七〇二年に遣唐使《けんとうし》が中国に行き、「我が国の国号は（これまでの倭ではなく）日本という」と宣言した。

中国の史書『旧唐書《くとうじょ》』（九四五年）には「倭国伝」と「日本国伝」の二つが並立していて、国名が「日本」に変わったことについて三つの説を書いている。

「日本国は倭国の別種なり。その国、日辺にあるを以て、故《ゆえ》に日本を以て名と為す」
「倭国自らその名の雅《みやび》ならざるを悪《にく》み、改めて日本と為す」
「日本は旧《もと》小国、倭国の地を併《あわ》す」

どうやら中国側は、改名の理由がよくわかっていないらしい。実は日本の史書だってなぜ変えたかの理由を記していないのだから、まあ、しかたない。理由はよくわからないが、前述《一のC　他者につけられた国名が気に入らないので改名する》となったのだ。

その「日本」の意味は、平安時代の『日本書紀』の講書《こうしょ》で、こうある。

〈質問〉　日は（この国の）国内からは出ない。それなのになぜ「日出《い》づる国」というのか？
〈答え〉　唐から見て日の出の方向にあるから「日本国」というのだ。

日本は中国の冊封《さくほう》国ではない。とはいえ東アジアの（当時としては、世界の）盟主である中国には改名を報告して、認めてもらわなければならない。なので、中国ありきの方角国名になったのか？

もっとも、当初は「日本」と書かれていても「ヤマト」と読んでいた。どこまでも、ヤマトだ。「日」は呉音《ご》では「ニチ」、漢音《かん》では「ジツ」。なので「ニッポン」あるいは「ジッポン」、しだいに音としては優しい「ニホン」とも読むようになったようだ。

かのマルコ・ポーロが中国（元《げん》）に来たのは十三世紀の終盤。『東方見聞録』で、日本のことを「ジパング」として紹介したのは有名だ。当時の中国語で発音する「日本国」が「ジパング（Cipangu、Zipangu など表記は色々）」に近いといわれる。これがポルトガル語を経由して、英語のJAPANになるようだ。現在国際的にはJAPANだが、国内では日本を使っている。前述《一のB　国名の二本立て》なのだ。

江戸時代には、各大名が治める藩が「我が国」という意識になっていく。しかし一方で「日本六十余州」という認識もある。大陸から切り離された列島なので、対外的にはずっと「日本」としてのまとまりを共有していた。いわばUNH（日本藩主国連邦）だ。

そして近代に入る。明治二十二年（一八八九）の大日本帝国憲法発布で、国名は「大日本帝国」になった。

帝国って何だ？「皇帝が治める国」のこと。では、皇帝って何だ？元々は「国家や民族を超えた王の中の王」のこと。なんとも、ものものしい。肩書というものは必ずインフレをおこす。何人かの「王」の上に立つには、別の肩書が必要になるのだ。「王」よりも「皇帝」のほうが立派そうだし、「国」よりも「帝国」のほうが強そうだ。「大○○帝国」のほうがもっと強そうだ。

ちょうどヨーロッパ列強が武力による植民地獲得（帝国主義）を進めていた時代なので、日本もその風潮に寄せて改名したと考えればわかりやすい。

しかし第二次世界大戦の敗戦で、大日本帝国は五十七年間で終わる。戦後の昭和二十一年（一九四六）、日本国憲法公布で再び「日本」あるいは「日本国」に戻ったのだ。ちなみに、前述《二のB　ハダカ国名》だ。

かくして、多少の変化はあれど、「日本」という国名は七世紀終わりから現在まで続いてきた。ではそれを「ニッポン」と読むのか「ニホン」と読むのか？　実はこの議論は何度も繰り返されている。

昭和九年（一九三四）、文部省の臨時国語調査会は「ニッポン」に統一することを申し合わせた。これは、音として強い「ニッポン」を好む勇ましい時代の風潮に合わせたものだったようだ。しかし、帝国議会で討議したものの結論を得なかった。

戦後になって、日本国憲法制定時には、憲法担当の金森徳次郎《かなもりとくじろう》国務大臣が、
「ニホン、ニッポン両様の読み方がともに使われることは、通念として認められている」
と述べた。

平成二十一年（二〇〇九）に麻生《あそう》内閣は、
「ニッポン又はニホンという読み方については、いずれも広く通用しており、どちらか一方に統一する必要はないと考えている」
と閣議決定している。一貫して、「どちらでもいい」なのだ。

以上の経緯から、日本という「国名の正体」はこういうことだろうか？

ヤマト［自分たちで呼ぶ］
倭［わ］［他者に呼ばれる］
↓
倭［やまと］**・大倭**［やまと］ → **大和**［やまと］ → **（やがて、和＝日本になる）**
↓
日本［やまと］
↓
日本［にっぽん にほん］ → **大日本帝国**［だいにっぽんていこく だいにほんていこく］ → **日本**［にっぽん にほん］
日本［じっぽん］ → **ジパング** → **ＪＡＰＡＮ**

「ＪＡＰＡＮ」とは別に「日本」があって、その日本は「ニッポン」でも「ニホン」でもどっちでもよくて、さらに「ヤマト」も「和」もこの国のこと……わりと、なんでもありの国だった。日本も世界の国々も、国名はそれぞれに由緒《ゆいしょ》があり、それぞれにいいかげんな部分もある。そういったお国柄《くにがら》を知れば、お互いにもっと親しみが持てそうではないか。

《主要参考文献》

『新版　国旗と国名由来図典』　辻原康夫監修（出窓社）
『世界地名ルーツ辞典』　牧英夫編著（創拓社）
『国名から世界の歴史がわかる本』　博学こだわり倶楽部編（ＫＡＷＡＤＥ夢文庫）
『地名の世界地図』　21世紀研究会編（文春新書）
『世界の国名地名うんちく大全』　八幡和郎著（平凡社新書）
『思想としての〈共和国〉』　レジス・ドゥブレ、樋口陽一、三浦信孝、水林章著（みすず書房）
『〈共和国〉はグローバル化を超えられるか』　ジャン＝ピエール・シュヴェヌマン著　樋口陽一、三浦信孝訳（平凡社新書）
『消えた国家の謎』　八幡和郎著（イースト新書Q）
『国マニア　世界の珍国、奇妙な地域へ！』　吉田一郎著（ちくま文庫）
『「日本」国号の由来と歴史』　神野志隆光著（講談社学術文庫）
『コロンブス　全航海の報告』　林屋永吉訳（岩波文庫）
『天皇の歴史1　神話から歴史へ』　大津透著（講談社学術文庫）
『日本の誕生』　吉田孝著（岩波新書）
『「日本」とは何か　日本の歴史00』　網野善彦著（講談社）
『日本王権神話と中国南方神話』　諏訪春雄著（角川選書）

＊この他、各種辞典・辞書、外務省のＨＰ、各国大使館のＨＰなどを参考にさせていただきました。

50音順国名索引

太字は国名の由来について詳述してあることを示す。（＊現国名以前のものを含む）

地域別一覧（地域区分は外務省HPによる）

国名 （首都）	国名の正体 面積　（日本との比較）	 人口（調査年）

アジア

日本国 （東京）	（中国の）東で日が昇る国 約37万8000㎢	 約1億2670万人（2017）
インド （ニューデリー）	インダス川 約328万7000㎢（日本の約9倍）	 約13億2400万人（2016）
インドネシア共和国 （ジャカルタ）	インドの島々 約192万㎢（日本の約5倍）	 約2億6110万人（2016）
カンボジア王国 （プノンペン）	高僧カンプ 約18万1000㎢（日本の半分弱）	 約1600万人（2017）
シンガポール共和国 （シンガポール）	ライオンの都市 約720㎢（ほぼ奄美大島）	 約560万人（2017）
スリランカ民主社会主義共和国 （スリ・ジャヤワルダナプラ・コッテ）	光り輝く島 約6万6000㎢（北海道の約8割）	 約2100万人（2016）
タイ王国 （バンコク）	タイ族（自由人）の国 約51万4,000㎢（日本の約1.4倍）	 約6886万人（2016）
大韓民国 （ソウル）	韓民族 約10万㎢（北海道の約1.2倍）	 約5130万人（2016）
中華人民共和国 （北京）	世界の中央にある文明の地 約960万㎢（日本の約26倍）	 約13億7900万人（2016）
ネパール連邦民主共和国 （カトマンズ）	山の麓 約14万7000㎢（北海道の約1.8倍）	 約2900万人（2016）
パキスタン・イスラム共和国 （イスラマバード）	清浄な国 約79万6000㎢（日本の約2倍）	 約2億777万人（2017）
バングラデシュ人民共和国 （ダッカ）	ベンガル人の国 約14万7000㎢（北海道の約1.8倍）	 約1億6170万人（2017）
東ティモール民主共和国 （ディリ）	東の東 約1万5000㎢（ほぼ岩手県）	 約118万人（2015）
フィリピン共和国 （マニラ）	スペイン王フェリペ2世 約29万9000㎢（日本の約8割）	 約1億320万人（2016）

ブータン王国	チベットの端	
(ティンプー)	約3万8000㎢(ほぼ九州)	約80万人(2016)
ブルネイ・ダルサラーム国	ココナッツの平和な土地	
(バンダル・スリ・ブガワン)	約5800㎢(ほぼ三重県)	約42万人(2017)
ベトナム社会主義共和国	越南(越国の南方)	
(ハノイ)	約32万9000㎢(日本の約9割)	約9370万人(2017)
マレーシア	山の半島	
(クアラルンプール)	約33万㎢(日本の約9割)	約3200万人(2017)
ミャンマー連邦共和国	強い人(ビルマ族)	
(ネーピードー)	約68万㎢(日本の約1.8倍)	約5290万人(2016)
モルディブ共和国	島々の花輪	
(マレ)	約300㎢(小豆島の約2倍)	約40万人(2014)
モンゴル国	モンゴル(勇敢な人)の国	
(ウランバートル)	約156万4000㎢(日本の約4倍)	約318万人(2017)
ラオス人民民主共和国	ラオ族の国	
(ビエンチャン)	約24万㎢(ほぼ本州)	約716万人(2016)

中東

アフガニスタン・イスラム共和国	山の民	
(カブール)	約65万2000㎢(日本の約1.7倍)	約2916万人(2017)
アラブ首長国連邦	アラブ民族の七つの首長国による連邦	
(アブダビ)	約8万4000㎢(ほぼ北海道)	約940万人(2017)
イエメン共和国	右(神殿の正面に向かうと南)	
(サヌア)	約55万5000㎢(日本の約1.5倍)	約2750万人(2016)
イスラエル国	天使と闘う人	
(エルサレム)	約2万2000㎢(四国の約1.2倍)	約870万人(2017)
イラク共和国	低い土地	
(バグダッド)	約43万8000㎢(日本の約1.2倍)	約3830万人(2017)
イラン・イスラム共和国	アーリア人の国	
(テヘラン)	約164万8000㎢(日本の約4.4倍)	約8120万人(2017)
オマーン国	滞在地	
(マスカット)	約31万㎢(日本の約8割)	約465万人(2018)
カタール国	点、部分	
(ドーハ)	約1万1000㎢(ほぼ秋田県)	約270万人(2018)
クウェート国	閉じ込める、囲い込み	
(クウェート)	約1万8000㎢(ほぼ四国)	約430万人(2016)

サウジアラビア王国 （リヤド）	サウド家のアラビア	約215万㎢（日本の約5.7倍）	約3290万人（2016）
シリア・アラブ共和国 （ダマスカス）	古代アッシリア	約18万5000㎢（日本のほぼ半分）	約2240万人（2012）
トルコ共和国 （アンカラ）	テュルク族（強い人）	約78万㎢（日本の約2倍）	約7980万人（2016）
バーレーン王国 （マナーマ）	二つの海	約770㎢（奄美大島よりやや大）	約150万人（2017）
ヨルダン・ハシェミット王国 （アンマン）	ヨルダン川（流れ下る）	約8万9000㎢（北海道よりやや大）	約950万人（2016）
レバノン共和国 （ベイルート）	白い山脈	約1万㎢（ほぼ岐阜県）	約600万人（2016）

北米

アメリカ合衆国 （ワシントンD.C.）	探検家アメリゴ・ベスプッチ	約962万8000㎢（日本の約25倍）	約3億2780万人（2018）
カナダ （オタワ）	村	約998万5000㎢（日本の約26倍）	約3650万人（2017）

中南米

アルゼンチン共和国 （ブエノスアイレス）	銀	約278万㎢（日本の約7.5倍）	約4427万人（2017）
アンティグア・バーブーダ （セントジョンズ）	アンティグア教会とヒゲモジャの木（ヒゲイチジクの木）	約440㎢（ほぼ種子島）	約10万人（2017）
ウルグアイ東方共和国 （モンテビデオ）	ウルグアイ川の東	約17万6000㎢（日本のほぼ半分）	約344万人（2016）
エクアドル共和国 （キト）	赤道	約25万6000㎢（本州よりやや大）	約1640万人（2016）
エルサルバドル共和国 （サンサルバドル）	救世主	約2万1000㎢（九州のほぼ半分）	約635万人（2016）
ガイアナ共和国 （ジョージタウン）	水の国	約21万5000㎢（本州よりやや小）	約78万人（2017）
キューバ共和国 （ハバナ）	中心地	約11万㎢（本州のほぼ半分）	約1147万人（2016）
グアテマラ共和国 （グアテマラシティー）	森に囲まれた土地	約10万9000㎢（本州のほぼ半分）	約1650万人（2016）

グレナダ	ザクロ	
（セントジョージズ）	約340㎢（ほぼ五島列島の福江島）	約11万人（2017）
コスタリカ共和国	富める海岸	
（サンホセ）	約5万1000㎢（九州の約1.4倍）	約489万人（2016）
コロンビア共和国	探検家コロンブス	
（ボゴタ）	約114万㎢（日本の約3倍）	約4907万人（2017）
ジャマイカ	泉の湧き出る地	
（キングストン）	約1万1000㎢（ほぼ秋田県）	約289万人（2017）
スリナム共和国	スリナム川（岩場の多い川）	
（パラマリボ）	約16万4000㎢（日本の半分弱）	約56万人（2017）
セントクリストファー・ネービス	聖クリストフォルスまたはクリストファー・コロンブスと、雪(雲)	
（バセテール）	約260㎢（ほぼ西表島）	約5万5000人（2017）
セントビンセント及びグレナディーン諸島	聖ビンセントの日とザクロ	
（キングスタウン）	約390㎢（ほぼ五島列島の福江島）	約11万人（2017）
セントルシア	聖ルチアの日	
（カストリーズ）	約620㎢（淡路島よりやや大）	約17万9000人（2017）
チリ共和国	大地が終わるところ	
（サンティアゴ）	約75万6000㎢（日本の約2倍）	約1805万人（2017）
ドミニカ共和国	聖ドミンゴ（ドミニコ会）	
（サントドミンゴ）	約4万8000㎢（九州の約1.3倍）	約1076万人（2017）
ドミニカ国	安息日	
（ロゾー）	約750㎢（奄美大島よりやや大）	約7万4000人（2017）
トリニダード・トバゴ共和国	三位一体とタバコ	
（ポート・オブ・スペイン）	約5100㎢（ほぼ千葉県）	約137万人（2017）
ニカラグア共和国	先住民の族長ニカラオ	
（マナグア）	約13万㎢（本州の半分強）	約620万人（2017）
ハイチ共和国	山の多い土地	
（ポルトープランス）	約2万8000㎢（四国の約1.5倍）	約1100万人（2017）
パナマ共和国	魚が多い所、蝶の名前	
（パナマシティ）	約7万5000㎢（北海道よりやや小）	約400万人（2016）
バハマ国	引き潮	
（ナッソー）	約1万4000㎢（ほぼ福島県）	約40万人（2017）
パラグアイ共和国	パラグアイ川（大きな川）	
（アスンシオン）	約40万7000㎢（日本よりやや大）	約685万人（2016）
バルバドス	ヒゲモジャの木（ヒゲイチジクの木）	
（ブリッジタウン）	約430㎢（ほぼ種子島）	約28万人（2017）

ブラジル連邦共和国 （ブラジリア）	赤い木	約851万2000㎢（日本の約22.5倍）	約2億930万人（2017）
ベネズエラ・ボリバル共和国 （カラカス）	小ベネチアとシモン・ボリバル	約91万2000㎢（日本の約2.4倍）	約3102万人（2018）
ベリーズ （ベルモパン）	泥水	約2万3000㎢（九州のほぼ半分）	約37万5000人（2017）
ペルー共和国 （リマ）	川、水	約129万㎢（日本の約3.4倍）	約3182万人（2017）
ボリビア多民族国 （ラパス）	南米の英雄シモン・ボリバル	約110万㎢（日本の約3倍）	約1121万人（2017）
ホンジュラス共和国 （テグシガルパ）	深い海	約11万2000㎢（本州のほぼ半分）	約927万人（2017）
メキシコ合衆国 （メキシコシティ）	守護神メヒクトリ（神に選ばれし者）	約196万㎢（日本の約5倍）	約1億2920万人（2017）

欧州

アイスランド共和国 （レイキャビク）	氷の国	約10万3000㎢（北海道の約1.3倍）	約34万人（2017）
アイルランド （ダブリン）	西の国	約7万㎢（北海道よりやや小）	約476万人（2016）
アゼルバイジャン共和国 （バクー）	古代アトロパテネ王国（火の国）	約8万7000㎢（北海道よりやや大）	約990万人（2017）
アルバニア共和国 （ティラナ）	白い土地	約2万9000㎢（四国の約1.6倍）	約289万人（2016）
アルメニア共和国 （エレバン）	アルメニア人の国	約3万㎢（九州の約8割）	約290万人（2017）
アンドラ公国 （アンドラ・ラ・ベリャ）	木が茂る場所	約468㎢（種子島よりやや大）	約7万人（2016）
イギリス（**グレートブリテン及び北アイルランド連合王国**） （ロンドン）	アングル人の国	約24万3000㎢（本州よりやや大）	約6565万人（2016）
イタリア共和国 （ローマ）	子牛	約30万1000㎢（日本の約8割）	約6060万人（2018）
ウクライナ （キエフ）	辺境	約60万4000㎢（日本の約1.6倍）	約4241万人（2017）
ウズベキスタン共和国 （タシケント）	ウズベク族の国	約44万7000㎢（日本の約1.2倍）	約3190万人（2017）

エストニア共和国	（タリン）	ヨーロッパの東	約4万5000㎢（北海道のほぼ半分）	約132万人（2018）
オーストリア共和国	（ウィーン）	東の辺境	約8万4000㎢（ほぼ北海道）	約879万人（2017）
オランダ王国	（アムステルダム）	低い土地	約4万2000㎢（九州よりやや大）	約1718万人（2017）
カザフスタン共和国	（ヌルスルタン）	カザフ（独立、自由）族の国	約272万5000㎢（日本の約7倍）	約1840万人（2018）
北マケドニア共和国	（スコピエ）	古代マケドニア（高地の人）の北地域	約2万6000㎢（四国の約1.5倍）	約208万人（2017）
キプロス共和国	（ニコシア）	糸杉、銅	約9300㎢（ほぼ山形県）	約85万人（2016）
ギリシャ共和国	（アテネ）	女神ヘレナ、グレキア族（高地の人）	約13万2000㎢（本州のほぼ半分）	約1078万人（2016）
キルギス共和国	（ビシュケク）	40の部族、草原の国	約19万9000㎢（日本のほぼ半分）	約600万人（2017）
クロアチア共和国	（ザグレブ）	山の民	約5万7000㎢（九州の約1.5倍）	約428万人（2012）
コソボ共和国	（プリシュティナ）	クロウタドリの平原の国	約1万1000㎢（ほぼ秋田県）	約181万人（2013）
サンマリノ共和国	（サンマリノ）	聖マリヌス	61.2㎢（ほぼ山手線の内側）	3万3121人（2016）
ジョージア	（トビリシ）	聖ジョージア（サン・ジョルディ）	約7万㎢（北海道よりやや小）	約390万人（2017）
スイス連邦	（ベルン）	酪農場	約4万1000㎢（九州よりやや大）	約842万人（2017）
スウェーデン王国	（ストックホルム）	スベリ族の国	約45万㎢（日本の約1.2倍）	約1022万人（2018）
スペイン王国	（マドリード）	兎	約50万6000㎢（日本の約1.3倍）	約4666万人（2018）
スロバキア共和国	（ブラチスラバ）	スラブ民族の地（西スラブ人）	約4万9000㎢（北海道の半分強）	約544万人（2017）
スロベニア共和国	（リュブリャナ）	スラブ民族の地（南スラブ人）	約2万㎢（四国よりやや大）	約207万人（2018）
セルビア共和国	（ベオグラード）	スラブ民族の地（南スラブ人）	約7万7000㎢（北海道よりやや小）	約705万人（2016）

タジキスタン共和国	タジク族の国（冠をかぶった人たちの国）	
（ドゥシャンベ）	約14万3000㎢（北海道の約1.7倍）	約890万人（2017）
チェコ共和国	最初に来た人	
（プラハ）	約7万9000㎢（北海道よりやや小）	約1063万人（2018）
デンマーク王国	デーン人の国	
（コペンハーゲン）	約4万3000㎢（北海道のほぼ半分）	約578万人（2018）
ドイツ連邦共和国	民衆の国	
（ベルリン）	約35万7000㎢（日本よりやや小）	約8289万人（2018）
トルクメニスタン	テュルク族の国	
（アシガバット）	約48万8000㎢（日本の約1.3倍）	約580万人（2017）
ノルウェー王国	北航路	
（オスロ）	約38万6000㎢（ほぼ日本）	約525万人（2018）
バチカン市国	神託の丘	
（　―　）	0.44㎢（ほぼ東京ドーム）	809人（2016）
ハンガリー	オノグール族（10の部族）	
（ブダペスト）	約9万3000㎢（北海道よりやや大）	約980万人（2017）
フィンランド共和国	湖沼	
（ヘルシンキ）	約33万8000㎢（日本の約9割）	約550万人（2017）
フランス共和国	フランク族（勇敢な人）	
（パリ）	約54万4000㎢（日本の約1.4倍）	約6718万人（2018）
ブルガリア共和国	ブルガール人（混血した）	
（ソフィア）	約11万㎢（本州のほぼ半分）	約708万人（2017）
ベラルーシ共和国	白いロシア	
（ミンスク）	約20万8000㎢（日本のほぼ半分）	約949万人（2018）
ベルギー王国	沼地と森林	
（ブリュッセル）	約3万1000㎢（九州よりやや小）	約1132万人（2017）
ポーランド共和国	平原	
（ワルシャワ）	約32万2000㎢（日本の約8割）	約3842万人（2017）
ボスニア・ヘルツェゴビナ	ボスナ川と（別の）公国	
（サラエボ）	約5万1000㎢（九州の約1.4倍）	約353万人（2013）
ポルトガル共和国	温暖な港	
（リスボン）	約9万2000㎢（北海道よりやや大）	約1029万人（2017）
マルタ共和国	避難所、港	
（バレッタ）	約316㎢（淡路島の約半分）	約43万人（2016）
モナコ公国	隠者の港	
（モナコ）	2.02㎢（ほぼ皇居）	3万8400人（2015）

モルドバ共和国 (キシニョフ)	モルドバ川（黒い川） 約3万4000㎢（ほぼ九州）	 約355万人（2018）
モンテネグロ (ポドゴリツァ)	黒い山（ロブチェン山） 約1万4000㎢（ほぼ福島県）	 約62万人（2017）
ラトビア共和国 (リガ)	ラトビア人の国 約6万5000㎢（九州の約1.8倍）	 約193万人（2018）
リトアニア共和国 (ビリニュス)	（川の）流れ 約6万5000㎢（九州の約1.8倍）	 約281万人（2018）
リヒテンシュタイン公国 (ファドーツ)	輝ける石 約160㎢（ほぼ小豆島）	 3万7686人（2016）
ルーマニア (ブカレスト)	ローマ人の国 約23万8000㎢（ほぼ本州）	 約1976万人（2016）
ルクセンブルク大公国 (ルクセンブルク)	小さな城郭都市 約2600㎢（ほぼ佐賀県）	 約60万人（2017）
ロシア連邦 (モスクワ)	ルーシ族（オールを漕ぐ人） 約1710万㎢（日本の約45倍）	 約1億4680万人（2017）

アフリカ

アルジェリア民主人民共和国 (アルジェ)	島々 約238万㎢（日本の約6.3倍）	 約4220万人（2018）
アンゴラ共和国 (ルアンダ)	ヌゴラ王 約124万7000㎢（日本の約3.3倍）	 約2881万人（2016）
ウガンダ共和国 (カンパラ)	境界 約24万1000㎢（本州よりやや大）	 約4286万人（2017）
エジプト・アラブ共和国 (カイロ)	創造神プタハ 約100万㎢（日本の約2.6倍）	 約9304万人（2017）
エスワティニ王国 (ムババーネ)	スワジ族の国 約1万7000㎢（ほぼ四国）	 約136万人（2017）
エチオピア連邦民主共和国 (アディスアベバ)	日に焼けた人の国 約109万7000㎢（日本の約3倍）	 約1億240万人（2016）
エリトリア国 (アスマラ)	紅（紅海） 約11万8000㎢（本州のほぼ半分）	 約495万人（2016）
ガーナ共和国 (アクラ)	王様 約23万9000㎢（ほぼ本州）	 約2883万人（2017）
カーボベルデ共和国 (プライア)	緑の岬 約4000㎢（ほぼ滋賀県）	 約52万人（2015）

ガボン共和国 （リーブルビル）	外套に似た小高い丘 約26万8000㎢（本州よりやや大）　約203万人（2017）
カメルーン共和国 （ヤウンデ）	エビ 約47万5000㎢（日本の約1.3倍）　約2344万人（2016）
ガンビア共和国 （バンジュール）	ガンビア川（川川） 約1万1000㎢（ほぼ岐阜県）　約204万人（2016）
ギニア共和国 （コナクリ）	黒人たちの土地 約24万6000㎢（ほぼ本州）　約1240万人（2016）
ギニアビサウ共和国 （ビサウ）	首都がビサウのギニア 約3万6000㎢（ほぼ九州）　約180万人（2016）
ケニア共和国 （ナイロビ）	ケニア山（白い山） 約58万3000㎢（日本の約1.5倍）　約4970万人（2017）
コートジボワール共和国 （ヤムスクロ）	象牙海岸 約32万2000㎢（日本の約9割）　約2429万人（2017）
コモロ連合 （モロニ）	月 約2200㎢（ほぼ東京都）　約81万人（2017）
コンゴ共和国 （ブラザビル）	山 約34万2000㎢（日本よりやや小）　約513万人（2016）
コンゴ民主共和国 （キンシャサ）	山 約234万5000㎢（日本の約6倍）　約8134万人（2017）
サントメ・プリンシペ民主共和国 （サントメ）	聖トマスとポルトガルのエンリケ航海王子 約1000㎢（佐渡島よりやや大）　約20万人（2016）
ザンビア共和国 （ルサカ）	ザンベジ川（大きな水路） 約75万3000㎢（日本の約2倍）　約1709万人（2017）
シエラレオネ共和国 （フリータウン）	ライオン山脈 約7万2000㎢（北海道よりやや小）約756万人（2017）
ジブチ共和国 （ジブチ）	ダウ船の停泊地 約2万3000㎢（四国の約1.3倍）　約94万人（2016）
ジンバブエ共和国 （ハラレ）	石の家 約38万6000㎢（日本よりやや大）　約1560万人（2015）
スーダン共和国 （ハルツーム）	黒い人の国 約188万㎢（日本の約5倍）　約4053万人（2017）
セーシェル共和国 （ビクトリア）	フランスの財務長官セシェル 約460㎢（種子島よりやや大）　約9万5000人（2017）
赤道ギニア共和国 （マラボ）	赤道の近くにあるギニア 約2万8000㎢（四国の約1.5倍）　約122万人（2016）

セネガル共和国 （ダカール）	セネガル川 約19万7000㎢（日本のほぼ半分）　約1541万人（2016）
ソマリア連邦共和国 （モガディシュ）	ソマリ（黒い）族の国 約63万8000㎢（日本の約1.8倍）　約1400万人（2015）
タンザニア連合共和国 （ドドマ）	タンガニーカ湖（水が集まる場所）とザンジバル島（黒い海岸） 約94万5000㎢（日本の約2.5倍）　約5731万人（2017）
チャド共和国 （ンジャメナ）	湖 約128万4000㎢（日本の約3.4倍）　約1445万人（2015）
中央アフリカ共和国 （バンギ）	アフリカの中央 約62万3000㎢（日本の約1.7倍）　約459万人（2016）
チュニジア共和国 （チュニス）	フェニキアの守護神タニス 約16万4000㎢（北海道の約2倍）　約1153万人（2017）
トーゴ共和国 （ロメ）	湖の後方 約5万4000㎢（九州の約1.5倍）　約761万人（2016）
ナイジェリア連邦共和国 （アブジャ）	ニジェール川 約92万4000㎢（日本の約2.5倍）　約1億9088万人（2017）
ナミビア共和国 （ウィントフック）	何もない土地 約82万4000㎢（日本の約2.2倍）　約253万人（2017）
ニジェール共和国 （ニアメ）	ニジェール川 約126万7000㎢（日本の約3.4倍）　約2067万人（2016）
ブルキナファソ （ワガドゥグ）	清廉潔白な人の祖国 約27万4000㎢（本州よりやや大）　約1865万人（2016）
ブルンジ共和国 （ギテガ）	ルンディ族（ふくらはぎの人） 約2万8000㎢（四国の約1.5倍）　約1050万人（2014）
ベナン共和国 （ポルトノボ）	ビニ族 約11万3000㎢（本州の約半分）　約1118万人（2017）
ボツワナ共和国 （ハボロネ）	ツワナ族（切り離されている人） 約56万7000㎢（日本の約1.5倍）　約225万人（2016）
マダガスカル共和国 （アンタナナリボ）	モガディシオ港（ソマリア）の勘違い 約58万7000㎢（日本の約1.5倍）　約2557万人（2017）
マラウイ共和国 （リロングウェ）	湖からたちのぼる陽炎 約11万8000㎢（本州のほぼ半分）　約1862万人（2017）
マリ共和国 （バマコ）	カバ 約124万㎢（日本の約3.3倍）　約1799万人（2016）
南アフリカ共和国 （プレトリア）	アフリカの南端 約122万㎢（日本の約3.2倍）　約5672万人（2017）

南スーダン共和国 （ジュバ）	スーダンの南側 約64万㎢（日本の約1.7倍）	 約1258万人（2017）
モーリシャス共和国 （ポートルイス）	オランダ総督マウリッツ 約2000㎢（ほぼ大阪府）	 約126万人（2017）
モーリタニア・イスラム共和国 （ヌアクショット）	モール人（肌の黒い人） 約103万㎢（日本の約2.7倍）	 約430万人（2016）
モザンビーク共和国 （マプト）	船の集まる所、停泊地 約79万9000㎢（日本の約2倍）	 約2967万人（2017）
モロッコ王国 （ラバト）	要塞、西 約44万6000㎢（日本の約1.2倍）	 約3574万人（2017）
リビア （トリポリ）	女神リビュア 約176万㎢（日本の約4.6倍）	 約638万人（2017）
リベリア共和国 （モンロビア）	自由 約11万1000㎢（本州の約半分）	 約473万人（2017）
ルワンダ共和国 （キガリ）	人々の土地 約2万6000㎢（四国の約1.4倍）	 約1220万人（2017）
レソト王国 （マセル）	ソト語を話す人の国 約3万㎢（九州の約8割）	 約223万人（2017）

大洋州

オーストラリア連邦 （キャンベラ）	南の大陸 約769万2000㎢（日本の約20倍）	 約2499万人（2018）
キリバス共和国 （タラワ）	トーマス・ギルバート船長 約730㎢（奄美大島よりやや大）	 約11万6000人（2017）
クック諸島 （アバルア）	探検家キャプテン・クック 約237㎢（ほぼ徳之島）	 約2万人（2017）
サモア独立国 （アピア）	モア神の地（聖地） 約2800㎢（佐賀県よりやや大）	 約20万人（2017）
ソロモン諸島 （ホニアラ）	ソロモン王の財宝伝説の島 約2万9000㎢（四国の約1.6倍）	 約61万人（2017）
ツバル （フナフティ）	八つの島 約25.9㎢（ほぼ田沢湖）	 約1万1000人（2017）
トンガ王国 （ヌクアロファ）	（サモアの）南 約720㎢（ほぼ奄美大島）	 約10万8000人（2017）
ナウル共和国 （ヤレン）	滝のような雨 約21.1㎢（摩周湖よりやや大）	 約1万4000人（2017）

ニウエ （アロフィ）	ココヤシの木を見る 約259km²（ほぼ徳之島）	 約1520人（2018）
ニュージーランド （ウェリントン）	新しい「海の土地（ゼーラント）」 約27万km²（本州の約1.2倍）	 約476万人（2017）
バヌアツ共和国 （ポートビラ）	我々の土地 約1万2000km²（ほぼ新潟県）	 約27万6000人（2017）
パプアニューギニア独立国 （ポートモレスビー）	ちぢれ毛と新ギニア 約46万km²（日本の約1.2倍）	 約825万人（2017）
パラオ共和国 （マルキョク）	島 約488km²（種子島よりやや大）	 約2万1000人（2017）
フィジー共和国 （スバ）	太陽が昇る（東） 約1万8000km²（ほぼ四国）	 約90万人（2017）
マーシャル諸島共和国 （マジュロ）	ジョン・マーシャル船長 約180km²（ほぼ利尻島）	 約5万3000人（2017）
ミクロネシア連邦 （パリキール）	小さな島々 約700km²（ほぼ奄美大島）	 約10万5000人（2017）

その他の地域

北朝鮮 （ピョンヤン）	朝が鮮やかな（東の）地の北側 約12万1000km²（本州のほぼ半分）	 約2515万人（2015）
台湾 （台北）	来訪者 約3万6000km²（ほぼ九州）	 約2359万人（2018）
パレスチナ （ラマッラ・自治政府所在地）	ペリシテ人の土地 約6000km²（ほぼ山口県）	 約495万人（2017）
香港 （ — ）	香木の集積地である港 約1100km²（ほぼ沖縄本島）	 約734万人（2016）
マカオ （ — ）	深い入り江と二つの島 約29.9km²（ほぼ厳島）	 約58万2000人（2012）

教養《きょうよう》としての「国名《こくめい》の正体《しょうたい》」

2019年11月25日　第１刷発行

著者
藤井青銅《ふじいせいどう》

発行者
富澤凡子

発行所
柏書房株式会社
東京都文京区本郷2-15-13（〒113-0033）
電話（03）3830-1891［営業］
（03）3830-1894［編集］

装丁
石垣由梨（ISSHIKI）

DTP
株式会社キャップス

印刷
壮光舎印刷株式会社

製本
株式会社ブックアート

ISBN978-4-7601-5088-5